Raffiniert schattiert:

Ein Zentangle®-Arbeitsbuch

Cris Letourneau, CZT®

ÜBER ZENTANGLE®

Der Begriff »Zentangle®« ist, u. a. in den USA, der EU und der Schweiz, eine eingetragene Marke von Rick Roberts und Maria Thomas.

Zentangle®, das Logo mit dem roten Quadrat, die Formulierungen »Anything is possible, one stroke at a time«™ (dt.: »Alles ist möglich, ein Strich nach dem anderen«), »Zentangle Apprentice«, Zentomology« und »Certified Zentangle Teacher (CZT®)« sind in Teilen der Welt eingetragene Marken von Rick Roberts und Maria Thomas und/oder der Firma Zentangle Inc.

Wer Zentangle®-inspirierte Werke zu Veröffentlichungszwecken oder zum Verkauf gestaltet oder darüber schreibt oder bloggt, sollte die Hinweise auf der offiziellen Internetseite www.zentangle.com beachten.

Wertvolle Tipps sowie eine Liste zertifizierter Zentangle-Trainer (Certified Zentangle Teacher, CZT®) finden Sie im Internet unter www.zentangle.com.

ÜBER DIE AUTORIN

Als Cris Letourneau Zentangle® kennenlernte, war sie sofort begeistert von dieser einfachen und entspannenden Kunstform. Sie ließ sich zum zertifizierten Zentangle-Trainer (CZT®) ausbilden und hilft seither ihren Schülern dabei, ihre Kreativität zu entdecken und sich künstlerisch weiterzuentwickeln. Cris lebt mit ihrer Familie in Ohio, USA.

Die englischsprachige Originalausgabe ist 2012 unter dem Titel *Made in the Shade: A Zentangle Workbook* erschienen.
© 2012 Cristine A. Letourneau, CZT®

FSC MIX
Papier aus verantwortungsvollen Quellen
FSC® C084279
www.fsc.org

© der deutschsprachigen Lizenzausgabe: 2016 Trinity Kreativ Verlag in der Scorpio Verlag GmbH & Co. KG, München
Übersetzung: Wiebke Krabbe, Damlos
Covergestaltung: Guter Punkt, München | www.guter-punkt.de, unter Verwendung des Originalmotivs
Satz: Kerstin Duben, München

Bildnachweis: Alle Abbildungen stammen, sofern nichts anderes angegeben ist, von Cris Letourneau, mit Ausnahme von S. 52: Michelle Beauchamp, CZT®; S. 4, 5, 13, 39 unten, 109, 125: Brinn Bentley, CZT®; S. 110 unten rechts, 120: Margaret Bremner, CZT®; S. 111 oben rechts, 112 (alle): Amy Broady, CZT®; S. 103-106, 122 unten: Emily Classon, CZT®; S. 114 oben: Paula Dickerhoff, CZT®; S. 111 unten rechts, 124: Ellen Gozeling, CZT®; S. 110 oben rechts: Alice Hendon, CZT®; S. 113 (alle), 122 oben, 123 oben rechts: Diana Hirsch, CZT®; S. 90: Kelley Kelly CZT®; S. 61: Mimi Lempart, CZT®; S. 82, 114 unten: Alexa Letourneau; S. 110 unten links: Jane MacKugler, CZT®; S. 118 (alle): Jane Menard, CZT®; S. 111 unten links, 121: Caren Mlot, CZT®; S. 111 oben links: Sue Sharp; S. 108: Maria Vennekens, CZT®; S. 7, 39 oben, 86, 117 (alle): Sonya Yencer. Die Werke auf Seite 9 von Rick Roberts sind dem Zentangle-Newsletter vom 11. Januar 2010 entnommen, die Verwendung ist genehmigt.

Druck und Bindung: Print Consult GmbH, München
ISBN 978-3-95550-172-3
Alle Rechte vorbehalten.

www.freudemitzentangle.de
www.trinity-kreativ.de

Vielen Dank an die folgenden Künstlerinnen für die großzügige Bereitstellung von Arbeiten für dieses Buch:

Michelle Beauchamp, CZT®
Launceston, Tasmanien
shellybeauch.blogspot.com

Brinn Bentley, CZT®
San Antonio, TX, USA
rblog.wordpress.com

Margaret Bremner, CZT®
Saskatoon, SK, Kanada
enthusiasticartist.blogspot.com

Amy Broady, CZT®
Nashville, TN, USA
tanglefish.blogspot.com

Emily Classon, CZT®
Lowell, MA, USA
momzenartist.blogspot.com

Paula Dickerhoff, CZT®
Huntsville, AL, USA
facebook.com/PaulaDickerhoffArtist

Ellen Gozeling, CZT®
Sassenheim, Niederlande
www.kunstkamer.info

Alice Hendon, CZT®
Keystone Heights, FL, USA
thecreatorsleaf.blogspot.com

Diana Hirsch, CZT®
Canton, MI, USA
wolfhowlings.wordpress.com

Kelley Kelly, CZT®
Newington, CT, USA
thepathuntangled.com

Mimi Lempart, CZT®
Florence, MA, USA
tangledplanet.blogspot.com

Alexa Letourneau
Pickerington, OH, USA
artzyalexa.blogspot.com

Jane MacKugler, CZT®
Londonderry, VT, USA
dicksallyjane.blogspot.com

Jane Menard, CZT®
Clarksburg, ON, Kanada
tanglejam.blogspot.com

Caren Mlot, CZT®
Mt. Pleasant, SC, USA
tanglemania.com

Sue Sharp
Toronto, ON, Kanada
inquisitive-sue.blogspot.ca

Maria Vennekens, CZT®
Leiden, Niederlande
zentangle.eu

Sonya Yencer
Pickerington, OH, USA

Besonderen Dank an Emily Classon, Paula Dickerhoff, Diana Hirsch und Alexa Letourneau für ihre Vorschläge, Kommentare und die Mitwirkung am Lektorat. Ohne euch wäre das Buch nicht so gelungen.

Für Birdie, hör nie auf zu träumen.

INHALT

KAPITEL 4. NEUE TANGLES ZUM SCHATTIEREN

Mögen Sie neue Tangles? Hier finden Sie ein rundes Dutzend, an dem Sie experimentieren können. Der Vorteil ist, dass Sie dabei nicht von den Interpretationen anderer Künstler beeinflusst werden, sondern Ihren ganz eigenen Stil entwickeln können.

KAPITEL 5. DAS GROSSE GANZE: EIGENE WERKE SCHATTIEREN

In diesem Kapitel erkläre ich, wie ich meine fertig gezeichneten Tangles schattiere, um ihnen eine räumliche Wirkung zu geben, das Augenmerk auf bestimmte Bereiche zu lenken, den Kontrast zu verstärken und die Gesamtwirkung zu verbessern.

KAPITEL 6. SPIELWIESE

36 Tiles, 6 ATCs, 3 Zendalas und 4 ZIAs zum Experimentieren.

Ein Tangle – viermal anders schattiert

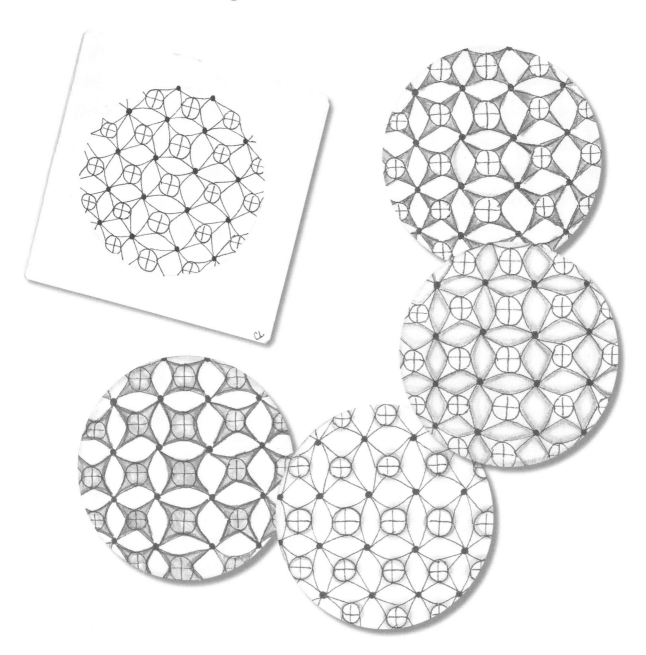

VORWORT

Ich liebe es, meine Tangles zu schattieren. Für mich sehen sie unfertig aus, bevor ich mit dem Bleistift Grauschattierungen in das Schwarz-Weiß eingefügt habe. In meinen Kursen erlebe ich aber immer wieder, dass die Teilnehmer dem Schattieren eher zögernd gegenüberstehen. Dafür gibt es meist zwei Gründe. Erstens fehlt es vielen an Sicherheit im Umgang mit dem Bleistift, und zweitens wissen sie einfach nicht, wie sie es anfangen sollen.

Ich habe dieses Buch für alle geschrieben, die das Schattieren lernen möchten. Es enthält zahlreiche Tipps und Techniken, vor allem aber viel Platz, um direkt im Buch zu üben und zu experimentieren. Das Durcharbeiten der Übungen hilft Einsteigern dabei, ihre Technik zu verfeinern und Selbstvertrauen zu gewinnen.

In Kapitel 1 erkläre ich einige Fachbegriffe und die Grundlagen des Arbeitens mit dem Bleistift. Hier finden Sie Anleitungen und Übungen zum Schattieren mit dem Bleistift und dem Fineliner. Kapitel 2 bis 5 enthalten weitere Tipps und Techniken zum Schattieren einfacher Formen, einzelner Tangles und fertiger Kunstwerke. In Kapitel 6 schließlich finden Sie über 40 Tangles, Zendalas und ZIAs, an denen Sie das Gelernte ausprobieren können. Wagen Sie ruhig auch Neues – so entwickeln Sie Ihren eigenen Stil.

Ein Hinweis zum Schluss: Dies ist kein Buch für Zentangle-Neulinge. Es gibt viele großartige Bücher für Einsteiger, aber am besten ist es, einen Anfängerkurs bei einem ausgebildeten Trainer (CZT – Certified Zentangle Teacher) zu belegen. Die Unterstützung durch den CZT ist beim Lernen von unschätzbarem Wert. Wenn Sie die Zentangle-Methode bereits kennen, wird dieses Buch Ihnen helfen, Ihre Werke durch kunstvolle Schattierungen aufzuwerten.

Fangen wir an – viel Spaß dabei!

Tangle © Sonya Yencer
Schattierungen von der Autorin

EINFÜHRUNG

Warum schattieren?

Haben Sie schon einmal ein Tangle beendet und fanden es dann irgendwie fad oder nichtssagend? Mir ging es öfter so, dass ich eine fertige Arbeit ansah und unzufrieden damit war, obwohl ich objektiv gesehen nichts falsch daran finden konnte. Es schien nur etwas Pfiff zu fehlen oder wirkte ein wenig zu unruhig. Das änderte sich, als ich Schattieren lernte.

Wenn Sie in die schwarz-weiße Zeichnung mit Bleistift etwas Grau einfügen, kann Erstaunliches passieren. Durch Schattierungen kann
– ein Tangle insgesamt interessanter wirken
– eine dreidimensionale Wirkung entstehen
– ein unruhiges Tangle ruhiger wirken
– ein missglückter oder verwischter Strich versteckt werden
– ein Lieblingsbereich betont werden
– die Aufmerksamkeit von einem weniger gelungenen Bereich abgelenkt werden
– ein simples Tangle aufgepeppt werden

Das sind die praktischen Argumente. Rick Roberts, einer der Gründer von Zentangle Inc., hat auch eine eher philosophische Begründung formuliert:

»Das Leben ist nicht schwarz-weiß. Es hat viele Zwischentöne.«

Suchen Sie einen visuellen Beweis, dann schauen Sie sich Abbildung 1 an: Ist es nicht erstaunlich, welche Wirkung Rick durch Schatten erzeugt hat? Das Original ist schon schön, aber durch die Schattierungen wird es viel spannender.

Sie sehen, es lohnt sich, das Schattieren zu lernen, um statt guter Tangles großartige zu produzieren.

✠ INFO:

Zentangle ist ein Markenzeichen, darum benutze ich den Begriff nicht als Verb oder Nomen. Werke, die mithilfe der Zentangle-Methode entstanden sind, bezeichne ich also als »Werk«, »Tangle« oder »Zeichnung«.

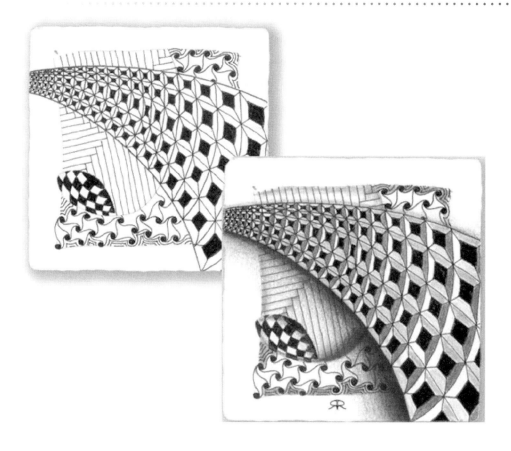

ABBILDUNG 1:
Anhand dieses Kunstwerks von © Rick Roberts sieht man gut, wie Schattierungen ein Tangle aufwerten können.

Schattieren und Schatten

Bevor ich die Techniken erkläre, möchte ich definieren, wie ich die Begriffe Schattieren und Schatten in diesem Buch verwende.

✏ **Schattieren** bedeutet, eine Zeichnung durch verschiedene Grau- und Schwarztöne detaillierter auszuarbeiten.

✏ **Schatten** ist ein dunkler Bereich, in den wenig oder gar kein Licht fällt.

Wussten Sie, dass es verschiedene Arten von Schatten gibt? Wenn Sie die Hand über das Buch halten, sehen Sie einen handförmigen, dunkleren Bereich. Diesen

✠ INFO:
Farbige Arbeiten werden in Farbe schattiert. Schwarz-weiße Arbeiten haben Schattierungen in Grau und Schwarz.

bezeichnen die meisten Menschen als Schatten. Genau genommen ist es ein Schlagschatten. Außerdem gibt es einen weiteren Schattentyp, den Sie zum richtigen Schattieren kennen müssen: den Formschatten. Dies ist der Bereich eines Gegenstands, auf den kein Licht fällt, sodass er dunkler aussieht als der Rest.

Formschatten

Schlagschatten

ABBILDUNG 2:
Schlagschatten und Form-schatten

Beim Schattieren von Tangles setze ich Schlagschatten ein, um zu zeigen, dass eine Form eine andere überlagert. Schattierungen innerhalb eines Elements sind generell Formschatten.

Schatten können hart oder weich sein. Ein harter Schatten hat eine klare Kontur, die ihn vom Licht abgrenzt. Der Kontrast ist hoch. Ein weicher Schatten hat keine klare Begrenzung, sondern einen Bereich verschiedener Grautöne, die fließend ineinander übergehen.

✐ TIPP:

Harte Schatten suggerieren helles Sonnenlicht und glühende Hitze. Weiche Schatten erinnern an diffuses Licht. Sie wirken kühl, ruhig und entspannt. Entscheiden Sie selbst, welche Ausstrahlung Ihre Arbeit haben soll.

ABBILDUNG 3:
Die harte Kontur des Schlagschattens ist klar zu erkennen.

ABBILDUNG 4:
Der weiche Schlagschatten geht fließend ins Licht über.

Schlagschatten können hart oder weich sein. Formschatten sind immer weich.

In Abbildung 3 sehen Sie die klare, scharfe Kontur des Schlagschattens. Aber schauen Sie sich den Schatten selbst einmal an: Seine Fläche ist nicht gleichmäßig grau getönt. Vergleichen Sie das Grau im oberen Bereich mit dem Grau im unteren Teil. Sie sehen, dass der Schatten oben heller ist als unten. Der Übergang ist aber so weich und fließend, dass man den Unterschied auf den ersten Blick kaum wahrnimmt.

Beim Schattieren entscheiden Sie selbst, ob ein Schlagschatten hart oder weich ist. Auf den Fotos sehen Sie, dass beide Lösungen realistisch wirken können. Formschatten andererseits sind von Natur aus weich und zeigen einen fließenden Übergang vieler verschiedener Grautöne. Um sie überzeugend zu zeichnen, müssen Sie lernen, diesen weichen Verlauf von einem Grauton zum nächsten – ohne erkennbare Grenzlinien – darzustellen. Sind die Übergänge nicht weich genug, wirken sie nicht wie ein Schatten. Hier sehen Sie, wie die Kugel wirkt, wenn ihr Formschatten eine harte Kontur hat.

Die harte Kontur lenkt ab.

Wenn Sie tangeln, haben Sie sicherlich einen Blick für Muster entwickelt. Lernen Sie, auch Licht und Schatten genau zu beobachten. Ihre Arbeiten werden davon profitieren.

INFO:

Die Künstlerin Sandra K. Strait meint: »Wer sich mit dem Zeichnen beschäftigt, kennt die Empfehlung, die Position der Lichtquelle festzulegen. Beim Tangeln spielt sie jedoch keine Rolle. Mehr müssen Sie über dieses Thema gar nicht wissen.« Ich stimme ihr zu.

ABBILDUNG 5:
Vergleichen Sie diese Kugel mit Abbildung 2. Wenn der Formschatten eine harte Kontur hat, geht seine ganze Wirkung verloren, und die Kugel sieht aus, als sei ein Teil ihrer Oberfläche grau bemalt – wie bei einer Billardkugel.

Zendala #13

Verwendete Tangles: MSST, 'NZEPPEL, BETWEED, HIBRED, IXORUS

KAPITEL 1
DAS WERKZEUG

Das wunderbare an der Zentangle-Methode ist, dass jeder sie
erlernen kann. Sie brauchen keine künstlerische Vorbildung und
keine jahrelange Übung, um schöne Werke zu gestalten.
Immer wieder erlebe ich, dass Teilnehmer in einem Zentangle-
Anfängerkurs ihr künstlerisches Talent entdecken. Wenn sie ihre
Werke danach weiterentwickeln möchten, stellt sich jedoch
häufig Frustration ein, weil sie nicht die nötigen Techniken kennen,
um die gewünschten Ergebnisse zu erzielen.

Diese Lücke wird im folgenden Kapitel geschlossen. Sie lernen die
zeichnerischen Techniken kennen, die zum Schattieren von Tangles
notwendig sind. Die wichtigsten Werkzeuge – Bleistift und Wischer –
werden vorgestellt, und ihre Handhabung wird Schritt für Schritt
erklärt. Dann erfahren Sie Wissenswertes über weitere Werkzeuge
und Techniken, mit denen Sie die Bandbreite Ihrer Ausdrucksformen
erweitern können.

Original © Brinn Bentley

Schattieren mit Bleistift

Zum ausdrucksvollen Schattieren von Tangles brauchen Sie einfach nur einen Bleistift. Wahrscheinlich benutzen Sie Bleistifte schon seit der Kindheit, aber ist Ihnen bewusst, wie groß die Bandbreite der Striche ist, die sich mit ihnen erzeugen lässt? Genau das gilt es herauszufinden, wenn Sie das Schattieren lernen wollen. Experimentieren Sie, um zu erleben, was mit einem Bleistift möglich ist.

Die Haltung
Noch bevor Sie den ersten Strich zeichnen, prüfen Sie, ob Sie den Bleistift richtig halten.

ABBILDUNG 6:
Meine Stifthaltungen sind traditionelle Drei-Finger-Haltung (links), höhere Drei-Finger-Haltung (Mitte), lockere Haltung (rechts).

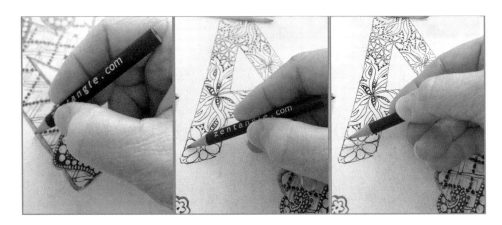

✠ INFO:

In diesem Abschnitt geht es um das Schattieren mit einem Bleistift, vorzugsweise einem Zentangle-Bleistift. Informationen über andere Bleistifte finden Sie auf Seite 28.

Die meisten Menschen halten den Stift mit drei Fingern und relativ weit vorn, wie beim Schreiben. Tatsächlich hat sich diese Haltung bewährt, weil sie schnelles, leichtes und ermüdungsfreies Schreiben bei gleichzeitiger guter Kontrolle ermöglicht. Zum Zeichnen und Schattieren sollten Sie aber noch weitere Haltungen kennen. In den meisten Fällen halte ich den Stift auch mit drei Fingern, denn beim Schattieren der winzigen Tangle-Elemente kommt es auf Genauigkeit an. Wenn ich eine größere Fläche schattiere, halte ich den Stift mit mehr Abstand zur Spitze, aber auch mit drei Fingern. Soll die Fläche sehr zart gefüllt werden, halte ich den Stift locker. Eine Alternative ist, mit allen vier Fingern über den Stift zu greifen. Wenn Sie den Stift fast parallel zum Papier halten und mit der Breitseite der Mine arbeiten, ergibt sich diese Handhaltung wie von selbst.

Wenn Sie die Übungen in diesem Abschnitt durcharbeiten, probieren Sie verschiedene Handhaltungen aus. Je nach Größe der Fläche und gewünschtem Stil werden Sie wahrscheinlich zwischen verschiedenen Haltungen wechseln.

Bei jeder Handhaltung ist wichtig, den Stift locker, aber sicher zu halten. Wenn Sie die Hand verkrampfen und den Stift umklammern, ermüden Sie schnell, die Feinmotorik lässt nach und Ihr Werk wird »angestrengt« wirken. Bei zu lockerer Haltung können Sie den Stift nicht exakt führen – auch darunter leidet das Ergebnis.

Lernen Sie Ihren Stift kennen

Diese Übung dient zweierlei Zweck. Erstens ist es ein Aufwärmtraining für die folgenden Übungen, und zweitens lernen Sie dabei verschiedene Striche und Stile kennen, die Sie umsetzen können. Spielen Sie einige Minuten mit Ihrem Zentangle-Bleistift, und versuchen Sie, viele verschiedene Grautöne zu erzeugen. Achten Sie dabei genau darauf, wie Sie den Stift auf das Papier aufsetzen.

- **Probieren Sie den Unterschied zwischen einem spitzen und einem stumpfen Stift aus.**

Kritzeln Sie zuerst mit kräftigem Druck auf Schmierpapier, damit der Stift stumpf wird, und zeichnen Sie dann mit ihm. Danach scharf anspitzen und erneut damit zeichnen. Achten Sie auf den Unterschied.

- **Probieren Sie verschiedene Bewegungen aus.**

Versuchen Sie, den Stift nur mit der Hand und dem Handgelenk zu führen. Dann halten Sie Hand und Handgelenk steif und bewegen nur den Ellenbogen. Wie ist es, wenn Sie den ganzen Arm aus der Schulter bewegen? Wobei haben Sie die beste Kontrolle und die größte Freiheit?

- **Variieren Sie die Handhaltung.**

Probieren Sie, ob Sie mit der traditionellen Schreibhaltung oder mit einer anderen Haltung besser zurechtkommen. Verändern Sie den Abstand der Finger zur Bleistiftspitze, und vergleichen Sie die Ergebnisse.

TIPP:
Die optimale Haltung gibt Ihnen genug Kontrolle, um den gewünschten Effekt zu erzielen, und ermüdet die Hand nicht.

TIPP:
Notieren Sie sich beim Durcharbeiten dieser Übung immer am Rand, welche Varianten gut funktionieren und welche weniger.

- Variieren Sie den Druck.

Erzeugen Sie dunkle Striche lieber durch kräftigen Druck oder durch mehrfaches Nachziehen?

TIPP:

Möchten Sie mehr üben? Nutzen Sie die Rückseite einer Zentangle-Tile, um die Striche auf dem Originalpapier zu sehen, ohne eine Tile zu »verschwenden«.

ÜBUNG 1:
Probieren Sie aus, wie viele verschiedene Striche Sie mit einem einzigen Bleistift zeichnen können.

Schattierungstechnik für den Bleistift

Schattiert man mit einem spitzen oder einem stumpfen Stift? Mit steil oder flach aufgesetzter Spitze? Mir wurde in der Schule beigebracht, niemals mit einem spitzen Stift zu schattieren, weil dabei Kratzer in der Papieroberfläche entstehen können, sodass sich die Striche nicht mehr verwischen lassen.

Mir wurde auch gesagt, dass nur mit flach gelegtem Bleistift gleichmäßige Füllungen gelingen. Beim Entwickeln der Beispiele für dieses Buch habe ich erstaunt festgestellt, dass das Gegenteil der Fall ist. Mit der Spitze gelangen mir gleichmäßigere Ergebnisse als mit der Seite – sehen Sie sich die Beispiele an.

ABBILDUNG 7:
Verschiedene Schattierungen mit einem spitzen (links) und einem stumpfen Bleistift (rechts) sowie auf einer Tile (oben) und auf Fotokopierpapier (unten)

Der Grund ist das Zusammenwirken von Stift und Papieroberfläche. Papier ist immer leicht rau, damit das Graphit daran haftet. Sie können die winzigen »Hügel« und »Täler« auf dem Foto (rechts) sehen und diese auch ertasten, wenn Sie behutsam mit dem Finger über eine Tile streichen. Im Beispiel oben rechts glitt die flach aufgelegte Bleistiftspitze einfach über die Strukturtäler des Papiers hinweg, und das Graphit haftete nur an den höheren Partien. Beim Zeichnen mit der feinen Spitze gelangte das Graphit auch in die Strukturtäler.

Je rauer das Papier ist, desto deutlicher sehen Sie den Unterschied zwischen Techniken, bei denen Graphit nur an den Hügeln haftet, und anderen, bei denen es auch in die Strukturtäler gelangt. Probieren Sie einige der Übungen aus diesem Buch einmal auf Zentangle-Tiles und auf rauem Aquarellpapier aus, um die Auswirkungen der Papieroberfläche auf die Strichqualität selbst zu erleben.

Mit einem spitzen Bleistift lassen sich winzige Details leichter schattieren. Und da Tiles klein sind, ist auch das ein gewichtiges Argument.

ABBILDUNG 8:
Raue Papieroberfläche, vergrößert

✎ TIPP:
Mit einem spitzen Stift gelangt das Graphit bis in die Strukturtäler. Ein stumpfer Stift gleitet über sie hinweg.

Gleichmäßig ausfüllen

Schatten, harte wie weiche, sind gleichmäßig. Das Auge erkennt Details bei hellem Licht am besten. Im lichtarmen Schatten erscheinen uns selbst raue Oberflächen glatt. Um schöne, realistische Schatten zu zeichnen, sollten Sie lernen, gleichmäßig zu schattieren.

Füllen Sie die Kästen unten gleichmäßig aus. Arbeiten Sie mit spitz und flach aufgesetztem Stift. Welche Ergebnisse fallen besser aus?

✎TIPP:

Jeder hat seine bevorzugte Strichführung. Ich zeichne gern schräg. Probieren Sie auf einem Stück Schmierpapier aus, wie Sie die Striche am liebsten setzen. Drehen Sie dann bei der Arbeit das Papier immer so, dass es Ihnen gut zur Hand liegt. Es mag anfangs etwas seltsam sein, dieses Buch beim Üben zu drehen, aber es hilft wirklich. Die kleinen Tiles dreht man oft ganz automatisch.

TIPPS ZUM GLEICHMÄSSIGEN AUSFÜLLEN

- ✐ Mit leichtem bis mittlerem Druck zeichnen.
- ✐ Auf gleichmäßige Bewegungen achten.
- ✐ Mit gleichmäßigem Druck arbeiten.
- ✐ Die Striche dicht an dicht setzen.
- ✐ Das Papier immer so drehen, dass es gut zur Hand liegt.

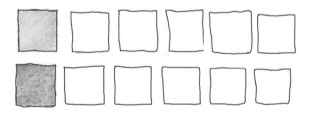

ÜBUNG 2:
Füllen Sie die Kästen gleichmäßig aus – mit spitz und flach aufgesetztem Stift.

Probieren Sie es, bis Sie zufrieden sind. Sie können ja noch Kästchen ergänzen.

Tonwerte

In der Kunst bezeichnet man die Helligkeit oder Dunkelheit einer Farbe als **Tonwert**. Bei schwarz-weißen Arbeiten spricht man von Graustufen. Stehen sehr helle und sehr dunkle Tonwerte nebeneinander, entsteht ein interessanter **Kontrast**, wie in der Tonwertskala zu Übung 3. Bemerken Sie, wie Ihr Blick automatisch zum unteren Bereich wandert, wo der Kontrast zwischen dem dunklen Kasten und dem weißen Papier am größten ist?

Diese Graustufenskala habe ich mit einem einzigen Zentangle-Bleistift gezeichnet. Das erste Kästchen habe ich mit ganz zarten Strichen gefüllt und das Papier nur minimal mit der Mine berührt. Für die folgenden Kästen habe ich Striche mehrfach überlagert und den Druck allmählich verstärkt. Für das untere Kästchen waren mehrere Graphitschichten mit mittlerem Druck nötig. Wenn Sie für den dunkelsten Tonwert weniger als 5 bis 6 Überlagerungen brauchen, drücken Sie wahrscheinlich zu stark auf.

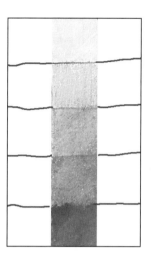

ÜBUNG 3:
Erstellen Sie eine Graustufenskala.

TIPP:
Wenn helle und dunkle Tonwerte direkt nebeneinander liegen, zieht das automatisch den Blick auf diese Stelle.

Zeichnen Sie selbst eine Graustufenskala. Streichen Sie für ein helles Grau nur ganz behutsam über das Papier, und drücken Sie für dunklere Töne stärker auf. Sie können sich an meiner Skala orientieren, brauchen Sie aber nicht genau zu kopieren. Es macht gar nichts, wenn es nicht auf Anhieb gelingt. Auch ich habe einige Versuche gebraucht.

Welche Grautöne fanden Sie am einfachsten? Den meisten Menschen fallen dunkle Tonwerte leichter als ganz helle. Es erfordert etwas Übung, um Druck und Stiftkontrolle für die hellen Töne sicher zu beherrschen.

Verlauf

Ein Verlauf ist ein fließender Übergang von einem Tonwert zum nächsten. Wenn er perfekt gezeichnet ist, sind die Grenzen der einzelnen Tonwertbereiche nicht zu erkennen – wie auf dem Foto auf Seite 10 (Abbildung 4). Weiche Verläufe lassen Bleistiftzeichnungen realistischer aussehen, fordern aber einige Stunden Übung.

Zum Glück lassen sich Tangles auch ohne stundenlanges Üben von Verläufen schön schattieren. Dafür gibt es verschiedene Gründe.

1. Zentangle ist eine abstrakte Kunstform, und »unvollkommene« Verläufe wirken wie bewusste künstlerische Entscheidungen, während sie in einem Porträt oder einer Landschaft als Fehler auffallen würden.

2. Die schattierten Bereiche in einem Tangle sind meist recht klein, und ein kurzer Verlauf erfordert weniger künstlerisches Können als ein langer. Der lange Verlauf (rechts) ist wesentlich schwieriger zu zeichnen als der kurze (links).

ABBILDUNG 9:
Zwei Verläufe. Der längere ist schwieriger zu zeichnen als der kurze.

3. Schließlich gibt es Werkzeuge, mit denen sich Verläufe »glätten« lassen. Sie werden im nächsten Abschnitt vorgestellt.

Den langsamen Übergang von einem Tonwert zum nächsten erzeugt man durch Veränderung des Drucks. Wenn Sie lernen, den Druck zu kontrollieren, können Sie mit Bleistift Erstaunliches erreichen.

Versuchen Sie sich an einem nahtlosen Übergang, aber seien Sie geduldig, denn Sie müssen Auge und Finger trainieren. Es erfordert einige Übung, fließende Übergänge zu zeichnen. Wenn Sie Mühe haben, mit leichter Hand zu beginnen und den Druck zu verstärken, versuchen Sie den umgekehrten Weg: mit kräftigem Druck beginnen und langsam nachlassen.

Statt nur mit dem Druck zu arbeiten, können Sie dunklere Tonwerte auch durch Überlagern der Striche erzeugen (siehe Übung auf Seite 19).

Stellen Sie sich das Lernen von Verläufen wie Tonleiter-Übungen auf einem Musikinstrument vor. Sie können vielleicht wunderbar spielen, ohne die g-Moll-Tonleiter zu beherrschen, aber die Sicherheit, die Sie durch Beherrschung dieser Tonleiter gewinnen, lohnt die Mühe.

Achten Sie bei dieser Übung auf Ihre Handhaltung und die Muskeln in Hand, Arm und Schulter. Wenn Sie sich verspannen, verändern Sie die Handhaltung, verschieben oder drehen Sie das Papier – oder machen Sie Pause. Kästen gibt es hier nicht. Ein Verlauf ist schwierig genug, da müssen Sie nicht auch noch die Rahmenlinien beachten.

TIPPS FÜR FLIESSENDE ÜBERGÄNGE

- Beginnen Sie mit dem geringsten Druck, der Ihnen gelingt.
  Zu helle Tonwerte können Sie korrigieren, indem Sie den Bereich mit mehr Druck nacharbeiten. Wenn Sie zu Anfang zu fest aufdrücken, können Sie vielleicht radieren. Es ist aber immer einfacher, etwas hinzuzufügen, als etwas wegzunehmen. (Siehe auch Seite 43.)
- Zeichnen Sie parallele Striche. Striche verschiedener Richtung sehen nicht »glatt« aus.
- Vermeiden Sie überlagerte Striche oder Lücken.
  Durch Überlagerungen wird der Bereich dunkler als gewollt, durch Lücken zwischen den Strichen wird er heller.
- Nur keine Eile. Dichte, gleichmäßige Striche brauchen Zeit.

ÜBUNG 4:
Zeichnen Sie in diesem Feld mehrere Verläufe.

Das nächste Werkzeug: Hilfsmittel zum Verwischen

Sie haben gesehen, wie schwierig weiche Übergänge zu zeichnen sind. Wie wäre es mit einem Werkzeug, das die Sache vereinfacht? Natürlich kann man nur mit einem Bleistift perfekte Verläufe zeichnen, aber mit einem Werkzeug geht es schneller und einfacher.

Wahrscheinlich sind trotz aller Mühe einige Ihrer Striche ungleichmäßig geworden. Das lässt sich durch Verwischen reparieren. Ein besonders praktisches und gut verfügbares Werkzeug sind unsere Finger. Sie sind immer »zur Hand«, kosten nichts, nutzen nicht ab und lassen sich leicht reinigen. Grund genug, das Verwischen zuerst mit ihnen auszuprobieren, bevor Sie zu anderem Werkzeug greifen.

Verwischen mit dem Finger

Nutzen Sie die Kästen unten zum Üben. Füllen Sie zuerst einen Teil des Kastens mit Bleistift aus. Dann streichen Sie mit dem Finger darüber und versuchen, den Kasten ganz zu füllen. Wischen Sie mal senkrecht, mal waagerecht, und achten Sie auf den Unterschied. Eventuell müssen Sie kräftig mit dem Finger aufdrücken. Der nötige Druck hängt generell davon ab, wie rau die Papieroberfläche ist, wie weich Ihr Bleistift ist und mit wie viel Druck Sie gezeichnet haben.

TIPP:
Durch Verwischen wirken Flächen gleichmäßiger, aber sehr unregelmäßige Striche lassen sich dadurch nicht immer ausgleichen.

TIPP:
Wenn Sie sich die Finger nicht schmutzig machen möchten oder fettige Haut haben, wickeln Sie Seidenpapier um den Finger. Das Hautfett kann bewirken, dass Finger- abdrücke oder dunklere Spuren auf dem Papier zurückbleiben.

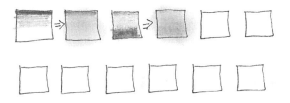

ÜBUNG 5:
Jeden Kasten teilweise ausmalen, dann mit den Fingern verwischen, um ihn ganz zu füllen.

Hatten Sie Mühe, innerhalb der Kästchen zu bleiben? Mir ging es ebenso. Das sollten Sie bedenken, wenn Sie Tangles mit dem Finger verwischen wollen. Wenn Ihr Tangle locker wirken soll oder wenn Sie eine größere Fläche verwischen, kann der Finger ein geeignetes Werkzeug sein. Für kleinteilige Tangles oder sehr exakte Arbeiten brauchen Sie andere Hilfsmittel.

Werkzeuge zum Verwischen

Maria Thomas, Mitgründerin von Zentangle, und einige andere Künstler können großartig mit den Fingern verwischen. Mir gelingt das nicht so gut. Ich kann mit der Fingerspitze einfach nicht genug Druck ausüben. Wenn ich es trotzdem versuche, verschmiere ich mein Tangle. Wenn auch Ihnen die Fingermethode nicht liegt, probieren Sie andere Werkzeuge.

Die bekanntesten Werkzeuge sind Papierwischer und Tortillon. Beide bestehen aus weichem Papier und dienen zum Verwischen von Bleistiftstrichen.

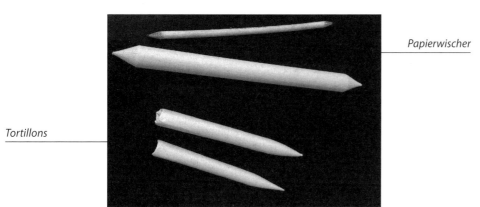

Papierwischer

Tortillons

ABBILDUNG 10:
Tortillons und Papier-wischer – verschiedene Werk-zeuge für denselben Zweck

- Tortillons sind fest gerollt, innen hohl und haben ein spitzes Ende.
- Papierwischer haben einen massiven Kern und Spitzen an beiden Enden.
  Sie bestehen aus Papierpulpe oder in Form gepressten Papierfasern.
  Weil sie nicht hohl sind, sind sie stabiler.

Ich besitze Papierwischer und Tortillons in verschiedenen Größen und suche jeweils das Werkzeug aus, das zur Größe des Bildelements am besten passt. Wenn Sie keinen Papierwischer oder Tortillon haben, können Sie auf alltägliche Gegenstände zurückgreifen. Probieren Sie einmal die folgenden aus:

✎ **TIPP:**
Als Werkzeug eignet sich alles, was Striche verwischt, ohne das Papier zu beschädigen. Schmutzige, ölige oder fettige Werkzeuge bitte vermeiden.

»WISCHWERKZEUGE« AUS DEM HAUSHALT

- ✏ **Wattestäbchen**. Sie eignen sich sehr gut, nutzen sich aber schnell ab. Legen Sie gleich eine Handvoll bereit. Es ist lästig, die Arbeit zu unterbrechen, um Nachschub zu holen.
- ✏ **Künstlerpinsel**, vor allem härtere Borstenpinsel
- ✏ **Make-up-Pinsel** und Applikatoren
- ✏ **Papiertaschentücher**
- ✏ **Stoff**
- ✏ **Kosmetiktücher**. Vorsicht, manche nehmen Graphit ab, statt es zu verteilen.
- ✏ **Fensterleder**
- ✏ Ein Stück oder eine Ecke **Schwamm**

✎ **TIPP:**
Probieren Sie aus, wie das Verwischen auf rauem Papier gelingt.

Dies ist eine Wiederholung von Übung 5, aber jetzt benutzen Sie nicht den Finger, sondern verschiedene Hilfsmittel. Zeichnen Sie zarte und kräftige Striche. Welche lassen sich leichter verwischen? Variieren Sie auch den Druck mit dem Wischwerkzeug. Lassen Sie sich Zeit, und probieren Sie aus, was mit den Werkzeugen möglich ist. Das macht viel Spaß, und Sie finden heraus, welches Ihr Lieblingswerkzeug zum Verwischen ist. Womöglich doch der Finger?

✎ **TIPP:**
Sie könnten das Werkzeug auch beim Verlauf einer früheren Übung einsetzen, um die Wirkung zu beurteilen (siehe Seite 18 oder 21).

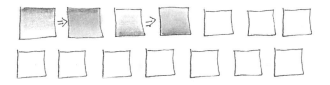

ÜBUNG 6:
Halb ausfüllen und mit einem Werkzeug füllend verwischen

War es jetzt einfacher, innerhalb der Rahmen zu bleiben? Für mich auf jeden Fall. Für perfekte Schattierungen sollten Sie Ihr Werkzeug (oder Ihre Werkzeuge) wirklich gut kennen lernen.

WERKZEUG-TIPPS

- ✏ Einen Tortillon nicht direkt mit der Spitze aufsetzen, sonst kann sie eingedrückt werden. Wenn das passiert, drücken Sie sie mit einer aufgebogenen Büroklammer vom Ende des Werkzeugs wieder heraus.
- ✏ Wenn sich der Papierwischer abnutzt oder stumpf wird, hilft ein gewöhnlicher Anspitzer. Ist das Werkzeug für einen Anspitzer zu dick, nehmen Sie feines Schleifpapier oder eine Nagelfeile.
- ✏ Mit einem Knet-Radiergummi können Sie das Werkzeug säubern. Alternativ über Schmierpapier streichen, bis es keine Spuren mehr hinterlässt.

✠ INFO:

In den folgenden Kapiteln werde ich den Oberbegriff »Wischer« verwenden. Entscheiden Sie selbst, welches Werkzeug Sie benutzen: Papierwischer, Tortillon, Wattestäbchen oder den Finger.

Schattieren, ohne zu zeichnen

Statt ein schmutziges Wischwerkzeug zu säubern, können Sie es auch zum Schattieren benutzen und auf die Bleistiftstriche ganz verzichten. Probieren Sie vorher auf Schmierpapier aus, wie dunkel der Strich wird. Ist er zu dunkel, mehrmals über das Schmierpapier streichen, bis er hell genug ist. So entstehen ganz zarte Schatten.

Wenn Ihnen die Technik gefällt, können Sie das Werkzeug auch gezielt »anschmutzen«. Schleifen Sie eine Bleistiftmine mit feinem Schleifpapier oder einer Nagelfeile ab, und sammeln Sie die Graphitkrümel in einem kleinen Gefäß, in das Sie das Werkzeug eintauchen. Alternativ schraffieren Sie mit Bleistift eine dunkle Fläche auf Schmierpapier und nehmen von dieser Fläche Graphit auf.

Versehentliches Verwischen

Immer wieder werde ich gefragt, wie man das versehentliche Verwischen fertiger Schattierungen vermeidet. Ich selbst hatte damit noch keine Probleme, nicht einmal mit Tiles, die in Anfängerkursen herumgereicht werden. Wer sichergehen möchte, kann im Fachhandel Fixativspray kaufen, das auch für Kohle- und Pastellzeichnungen verwendet wird.

Um das unbeabsichtigte Verwischen während der Arbeit zu vermeiden, legen Sie die Hand nicht auf Bereiche, die bereits schattiert wurden. Zentangle-Tiles sind so klein, dass man mit dem Bleistift leicht in die Mitte kommt, ohne die Hand auf das Papier zu legen. Und ist ein Bereich schlecht zu erreichen, drehen Sie die Tile einfach.

Wenn Sie auf einem größeren Blatt arbeiten und es sich nicht vermeiden lässt, die Hand darauf abzulegen, gibt es trotzdem Lösungen.

TIPPS GEGEN VERSEHENTLICHES VERWISCHEN

- Rechtshänder arbeiten von links nach rechts und von oben nach unten – oder von der Mitte zu den Rändern. Linkshänder arbeiten von rechts nach links und von oben nach unten – oder von der Mitte zu den Rändern. Wenn Sie so vorgehen, müssen Sie die Hand nie auf schattierte Bereiche legen.
- Legen Sie ein Blatt sauberes Papier unter die Arbeitshand. So kann kein Hautfett auf Ihr Werk gelangen. Fett hält die Haut geschmeidig, verwischt aber die Bleistiftstriche.
- Waschen Sie sich oft die Hände, um keine Spuren von der Hand auf das Papier zu übertragen. Wenn Sie nicht zwischendurch aufstehen möchten, legen Sie sich Baby-Feuchttücher bereit. Die Hände nach dem Reinigen gut trocknen lassen.

Bevor ich weitere Werkzeuge vorstelle, möchte ich Ihnen zeigen, wie ich meine Wischer einsetze.

Methode 1

Ich schattiere etwa die Hälfte des Elements mit mittlerem Druck und wische dann »von Dunkel nach Hell«. Den Wischer am Ende des Strichs anheben und wieder im dunklen Bereich beginnen. Ich arbeite mit langen Strichen und reduziere den Druck zum Ende hin.

Wenn der Verlauf aussieht wie im dritten Kasten, mit kurzen Strichen hin und her wischen. Im dunkelsten Bereich beginnen (1). Sieht er gleichmäßig aus, geht es in Bereich 2 weiter. Fortlaufend fortfahren, nur Bereich 6 sollte weiß bleiben. Wenn Bereich 1 zu hell ist, dunkle ich ihn nochmals ab und verwische ihn in Bereich 2.

Diese Methode wende ich an, wenn ich nicht zu dunkel schattieren will oder wenn das Bildelement klein ist.

Methode 2

Ich schattiere nur einen kleinen Bereich dunkel und verwische ihn dann mit winzigen Strichen, bis ich einen schönen Verlauf habe.

Diese Methode setze ich ein, wenn ich außerhalb eines Objekts schattiere und keine Grenzlinien einhalten muss.

1　3　5
↔　↔　↔

2　4　6
↔　↔　↔

ABBILDUNG 11:
Dies sind einige Wischtechniken, mit denen ich gern arbeite. Probieren Sie ruhig auch andere aus. Wichtig ist, dass Sie wissen, wie Sie Ihre Werkzeuge einsetzen müssen, um zu dem gewünschten Ergebnis zu kommen.

Weitere Werkzeuge:
Arbeiten mit verschiedenen Bleistiften

✳ INFO:
Der offizielle Zentangle-Bleistift entspricht ungefähr der Härte HB.

Mit einem einzigen Zentangle-Bleistift lassen sich gute Ergebnisse erzielen, mit verschiedenen Bleistiften ist es aber einfacher, das gewünschte Resultat zu erreichen. Wer nur einen Bleistift hat, ist versucht, für die dunkelsten Grautöne sehr stark aufzudrücken. Das ist nicht gut, weil die Hand schnell ermüdet und weil die Papieroberfläche beschädigt werden kann. Eine weiche Bleistiftmine kann dabei abbrechen, und eine harte kann ein Loch ins Papier stechen. Besser ist es, für dunkle Töne einen weicheren Bleistift zu verwenden. Ebenso gelingen ganz helle Töne leichter mit einem härteren Bleistift. Sie sehen: Eine Auswahl von Bleistiften nimmt Ihnen Arbeit ab.

✎ TIPP:
Eine Auswahl von Künstlerbleistiften ist nicht zwingend notwendig, sie erleichtert aber die Gestaltung verschiedener Grautöne, ohne den Druck beim Zeichnen ständig verändern zu müssen.

Wissenswertes über Bleistifte

Die Härte von Bleistiften wird mit Buchstaben (H oder B) und Zahlen (meist 2 bis 6) angegeben. Sie tragen die englischen Bezeichnungen »H« (»hardness« = Härte) und »B« (»blackness« = Schwärze). Je höher die Zahl hinter dem H, desto härter ist die Mine und desto heller werden die Linien. Je höher die B-Zahl, desto weicher die Mine und desto dunkler die Linien. Für alltägliche Anwendungen werden meist Bleistifte HB verwendet, die zwischen den Graden B und H liegen und damit gute Universal-Schreib- und Zeichenwerkzeuge sind. Die Bezeichnung »Blei«-stift ist irreführend, denn die Mine besteht aus einer Mischung von Graphitpulver und einem Bindemittel. Weiche Minen enthalten mehr Graphit als harte. Je höher der Graphitanteil, desto dunkler ist der Strich, der allerdings auch umso leichter verwischt. Wenn Sie mit einem sehr weichen Bleistift arbeiten, müssen Sie gut aufpassen, Ihr Werk nicht versehentlich zu verwischen. Außerdem sind feine Detailarbeiten mit weichen Bleistiften schwierig, weil sie eine scharfe Spitze nicht lange halten. Je weicher die Mine, desto öfter müssen Sie anspitzen.

Harte Minen enthalten weniger Graphit, darum ist ihr Strich heller. Die Spitze bleibt nach dem Anspitzen länger scharf, darum werden sie gern für Detailarbeiten verwendet.

Wer sich das Anspitzen ersparen möchte, kann sich Druckbleistifte anschaffen. Die Minen sind in verschiedenen Stärken und Härtegraden erhältlich, die Auswahl ist aber geringer als bei konventionellen Bleistiften mit Holzmantel. Ein Vorteil von Druckbleistiften ist ihre stets gleichbleibende Strichstärke.

Ich besitze Bleistifte in vielen Härtegraden, von 4H (sehr hart) bis 6B (sehr weich), verwende zum Schattieren aber hauptsächlich 4H, HB, 2B oder 4B.

Bleistifte kennenlernen

Es gibt Tabellen, aus denen die Graustufen verschiedener Bleistifthärten abzulesen sind, aber das heißt nicht, dass Sie genau diese Graustufen auch erreichen. Besser ist es, eine eigene Tabelle anzufertigen, aus der hervorgeht, welche Graustufen Sie produzieren können.

⊠ INFO:

Je nach Hersteller kann die Minenzusammensetzung variieren. Das heißt, dass Bleistifte verschiedener Hersteller sich unterschiedlich verhalten können, auch wenn sie mit demselben Härtegrad bezeichnet sind.

Bleistift	schwacher Druck	normaler Druck	starker Druck
4H			
2H			
HB			
2B			
4B			
6B			

ABBILDUNG 12:
Beispiel für selbst angefertigte Graustufentabelle für mehrere Bleistifte

※ INFO:
Ihr Gefühl für den »normalen Druck« kann sich im Lauf der Arbeit verändern. Um dem entgegenzuwirken, sollten Sie mit einer Aufwärmübung beginnen und Pausen machen, bevor Ihre Hand ermüdet.

✎ TIPP:
Legen Sie sich eine ähnliche Tabelle zu Ihren Tangle-Utensilien, damit Sie bei Bedarf schnell nachschauen können.

Ein kritischer Punkt ist der Begriff »normaler Druck«, weil jeder sein eigenes Verständnis von »normal« hat. Ich arbeite beispielsweise generell mit geringerem Druck als meine Tochter. Wenn wir denselben Bleistift verwenden, sind ihre Striche dunkler – es sei denn, ich drücke stärker auf als normal, oder sie arbeitet bewusst mit geringerem Druck. Darum ist die folgende Übung so wichtig. Sie müssen ja wissen, welche Ergebnisse Sie selbst mit Ihren Bleistiften erreichen.

Bleistift	schwacher Druck	normaler Druck	starker Druck

ÜBUNG 7:
Machen Sie eine Graustufentabelle mit Ihren Bleistiften und Ihrem persönlichen Druck.

Nehmen Sie die Graustufen der Tabelle als Anhaltspunkt, und versuchen Sie, mit jedem Ihrer Bleistifte einen schönen Verlauf zu zeichnen (siehe Übung 7). Dadurch lernen Sie die Unterschiede zwischen Ihren Stiften gut kennen. (Vergleichen Sie Ihre Verläufe nicht mit meinen. Ich habe sie mit Photoshop bearbeitet, um sie den Kästchen anzupassen.)

Bleistift	4H	2H	HB	B	2B	4B	6B
Nur Bleistift							
Verwischt							
Bleistift							
Nur Bleistift							
Verwischt							

ÜBUNG 8:

Zeichnen Sie Verläufe mit verschiedenen Bleistiften.

Ein Verlauf – mehrere Bleistifte

Manchmal gelingt ein schöner Verlauf besser mit mehreren Bleistiften. Verwenden Sie die Tabelle aus Übung 7, und zeichnen Sie einen langen Verlauf von hellstem bis zu dunkelstem Grau.

Wenn der Verlauf zuerst etwas ungleichmäßig aussieht, lässt er sich mit einem Trick »glätten«: Gehen Sie mit Ihrem härtesten Bleistift nochmals darüber. Beginnen Sie auf der dunklen Seite mit mittlerem Druck, und reduzieren Sie ihn allmählich zur helleren Seite hin. Der harte Bleistift füllt alle Lücken zwischen den Strichen des ersten Durchgangs aus. Gleichzeitig befördert er das Graphit der ersten Striche tiefer in die Strukturtäler und wirkt dadurch ähnlich wie ein Wischer.

ÜBUNG 9:
Zeichnen Sie einen Verlauf mit allen Ihren Bleistiften.

Versuchen Sie, nur mit Bleistiften einen weichen Verlauf zu erreichen. Wenn Sie fertig sind, verwischen Sie die hellen Grautöne mit dem Wischer nach rechts, um sie noch weiter aufzuhellen. Mit einem Wischer gelingen mir hellere und gleichmäßigere Töne als nur mit dem Bleistift. Dies ist mein Ergebnis:

ABBILDUNG 13:
*Verlauf mit mehreren
Bleistiften und Wischer*

Mehrere Bleistifte verwischen

Weil Minen verschiedener Härtegrade unterschiedlich viel Graphit enthalten, reagieren sie auch beim Verwischen unterschiedlich. Experimentieren Sie in diesem Buch, um die Unterschiede kennenzulernen, damit Sie beim Schattieren von Tangles keine Überraschungen erleben. Nachdem ich mich an meinen Zentangle-Bleistift gewöhnt hatte, benutzte ich einen Bleistift 2B und war erstaunt, wie weit er sich verwischen ließ. Das Werk, an dem ich damals arbeitete, bekam keine schönen Schattierungen, sondern sah am Ende ziemlich grau aus.

Weiche Bleistifte hinterlassen mehr Graphit auf dem Papier als harte, darum lassen sie sich leichter und flächiger verwischen. H-Bleistifte verwische ich gar nicht, weil sie nicht genug Graphit ablagern. Nur für Bleistifte HB oder weicher setze ich den Wischer ein.

✎ TIPP:
Vorsicht bei der Arbeit mit sehr weichen Bleistiften. Vor allem für Ungeübte besteht die Gefahr, dass Schattierungen zu dunkel werden.

Diese Tabelle habe ich angelegt, um zu sehen, wie weit sich meine Bleistifte verwischen lassen. Ich habe mit allen Stiften mehr Druck ausgeübt, als meiner Gewohnheit entspricht, damit sich auch die härteren Bleistifte verwischen lassen.

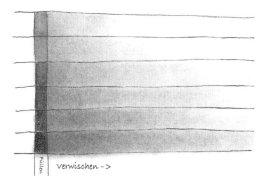

Füllen | verwischen ->

TIPP:

Die Graphitmenge, die ein Stift auf dem Papier hinterlässt, bestimmt, wie gut er sich verwischen lässt. Wenn Ihr normaler Druck stark ist, können Sie (im Gegensatz zu mir) vielleicht auch H-Bleistifte verwischen.

ABBILDUNG 14:
Sie sehen, dass sich weiche Bleistifte deutlich weiter verwischen lassen als harte.

Füllen Sie die Tabelle unten aus, um festzustellen, wie weit sich Ihre Stifte verwischen lassen. Füllen Sie die Kästchen mit Ihrem normalen Druck aus, und verwischen Sie das Graphit dann mit dem Wischer so weit wie möglich. Mit dem härtesten Bleistift beginnen, mit dem weichsten enden, und den Wischer zwischendurch immer wieder säubern.

Bleistift	Füllen	Verwischen ->

TIPP:

Um den Wischer zu reinigen, streichen Sie mit ihm über Schmierpapier, bis er darauf keine Spuren mehr hinterlässt.

ÜBUNG 10:
Wie weit lassen sich Ihre Bleistifte verwischen?

✠ INFO:

Schattieren mit dem Fineliner klingt schwierig, aber weil die Striche so klein sind, kann man keine »großen« Fehler machen.

✠ INFO:

Das Schattieren mit dem Fineliner lässt sich mit digitalen Fotos vergleichen. Vergrößert man so ein Foto stark, sieht man, dass es aus vielen kleinen Pixeln zusammengesetzt ist.

✎ TIPP:

Durch Veränderung des Drucks lässt sich die Schattierung geringfügig beeinflussen. Vor allem auf weichem Papier fallen bei stärkerem Druck die Striche etwas dicker aus.
Nicht zu fest aufdrücken, sonst leidet die empfindliche Spitze des Fineliners.

Schattieren mit dem Fineliner

Manchmal ist ein Bleistift nicht das geeignete Werkzeug. Wenn Sie beispielsweise auf Keramik oder Schmuck tangeln, brauchen Sie Fineliner. Außerdem macht es Spaß, auch andere Techniken auszuprobieren.

Im Gegensatz zum Bleistift lässt sich beim Fineliner der Tonwert nicht durch den Druck beeinflussen. Stattdessen müssen Sie die Farbmenge, die Sie auf eine Fläche auftragen, variieren. Die Augen nehmen die Dichte der Striche dann als verschiedene Grautöne wahr. Liegt viel weißer Raum zwischen den Strichen, erscheint der Bereich hellgrau. Ist die Fläche dichter ausgefüllt, erscheint sie dunkler. Nur bei genauem Hinsehen erkennt man die einzelnen Striche. Mit größerem Abstand verschwimmen sie.

Schattierungstechnik für den Fineliner

Beim Schattieren mit dem Fineliner gibt es drei Haupttechniken: tüpfeln, schraffieren und scribbeln.

- **Tüpfeln:** Die Schattierung wird aus vielen kleinen Punkten aufgebaut.
- **Schraffieren:** Die Schattierung wird durch viele gerade Striche aufgebaut.
- **Scribbeln:** Die Schattierung wird durch viele kleine, gerundete Striche oder Schnörkel aufgebaut.

Tüpfeln

Tüpfeln ist die beliebteste Methode des Schattierens mit dem Fineliner, und es passt auch zum Geist des Zentangle:
- Jeder Punkt wird bewusst gesetzt.
- Für gute Ergebnisse ist Konzentration erforderlich.
- Es wird nicht radiert.

Zum Tüpfeln halten Sie den Stift senkrecht und berühren das Papier sanft mit der Spitze. Dadurch entsteht ein kleiner, runder Punkt – kein Viereck oder Strich. Achten Sie darauf, dass die Punkte gleichmäßig groß ausfallen.

Beim Ausfüllen einer Fläche gehen Sie schrittweise vor.

1. Zuerst mit Punkten den Umriss der Fläche festlegen, die getüpfelt werden soll. Auf der dunklen Seite die Punkte dicht an dicht setzen, auf der hellen Seite in größeren Abständen.

2. Die ganze Fläche mit Punkten in großen Abständen ausfüllen. Beginnen Sie immer so hell wie möglich. Sie können später nachdunkeln, aber was zu Beginn zu dunkel ist, lässt sich nicht aufhellen.

3. Allmählich die Schattierung ausarbeiten.

TIPPS ZUM TÜPFELN

- Tempo und Druck sollten konstant sein, damit die Punkte gleichmäßig werden.
- Nehmen Sie sich Zeit. Je schneller Sie arbeiten, desto größer ist die Gefahr, dass aus Punkten Striche werden. Ob Sie das Tüpfeln als mühselig oder meditativ empfinden, hängt von Ihrer Einstellung und Ihren Erwartungen ab.
- Verwenden Sie Ihren dünnsten Stift. Je kleiner die Punkte, desto feinere Nuancen lassen sich gestalten.

Bevor Sie ein Tangle auf diese Weise schattieren, nehmen Sie sich etwas Zeit, die Technik zu üben. Den Stift senkrecht halten und einige Punkte setzen. Wenn Sie Stifte mit unterschiedlich dicken Minen haben, probieren Sie alle aus. Die Hand nicht verspannen, und Pause machen, wenn die Hand ermüdet.

TIPP:
Betrachten Sie die Arbeit häufig aus größerem Abstand. Wenn man sich zu sehr auf das Tüpfeln konzentriert, schattiert man Bereiche leicht zu dunkel.

ÜBUNG 11:
Versuchen Sie sich hier am Tüpfeln.

Versuchen Sie nun, mit Punkten eine Graustufenskala zu erstellen. Starten Sie damit in der freien Fläche unter meiner Skala und orientieren Sie sich an meiner.

Eine getüpfelte Graustufenskala

ÜBUNG 12:
Tüpfeln Sie eine Graustufenskala.

Für das kleine Beispiel habe ich fast 15 Minuten gebraucht – Tüpfeln kostet Zeit. Die Vergrößerung zeigt die Punkte genauer.

ABBILDUNG 15:
Tüpfeln, vergrößert.

ABBILDUNG 16:
Ein getüpfelter Verlauf

Wenn Sie eine Herausforderung suchen, könnten Sie auch einen Verlauf probieren. Beginnen Sie mit einer Graustufenskala, und fügen Sie weitere Punkte ein, bis fließende Übergänge entstehen. Wenn Ihnen dieser Verlauf gelingt, beherrschen Sie den Umgang mit dem Fineliner gut, und Sie werden auch Ihre Tangles mit Pünktchen sehr schön schattieren können.

Schraffieren

In Übung 2 auf Seite 18 haben Sie Kästchen mit geraden, parallelen Strichen ausgefüllt – das ist Schraffieren. Je dünner die Striche, desto sauberer wirkt das Ergebnis. Für dunkle Bereiche setzen Sie dickere Striche in engen Abständen. Dünne Striche mit größeren Abständen ergeben helle Grautöne.
Beim Schraffieren lassen sich drei Methoden unterscheiden:
- (Normale) Schraffur: gerade, parallele Striche
- Kreuzschraffur: Striche, die sich kreuzen
- Formschraffur: gekrümmte Striche, die dem Umriss des Objekts folgen

Für mich ist das Schraffieren die schwierigste Schattierungstechnik mit dem Fineliner. Meine ersten Versuche waren sehr ungleichmäßig, aber mit Übung wurde es besser.

ABBILDUNG 17:
Schraffieren

mit einem 005-Stift   *nach einiger Übung*

TIPPS ZUM SCHRAFFIEREN

- ✏ Mit gleichmäßiger Geschwindigkeit arbeiten
- ✏ Genau auf Anfang und Ende der Striche achten. Meine Striche waren am Anfang oft dicker als am Ende. Wenn es Ihnen auch so geht, legen Sie Schmierpapier so auf Ihr Werk, dass die Striche auf diesem beginnen und enden – also liegt nur die Mitte der Striche auf Ihrem Werk.
- ✏ Langsam gezeichnete Striche werden dicker als zügig gezeichnete.
- ✏ Es geht nicht immer um Perfektion. Unregelmäßige Schraffuren können interessant aussehen.

ABBILDUNG 18:
Graustufenskala mit Kreuzschraffur.

Im Kasten unten können Sie sich am Schraffieren versuchen. Weitere Möglichkeiten bietet das letzte Kapitel – die Spielwiese.

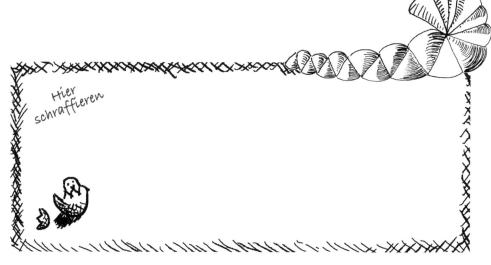

Hier schraffieren

ÜBUNG 13:
Die ersten vier Segmente sind mit einfachen Schraffuren schattiert. Die restlichen Segmente sehen etwas plastischer aus, weil die Schraffuren der Kontur folgen. Setzen Sie ins leere Segment eine Formschraffur.

ÜBUNG 14:
Probieren Sie Schraffuren aus.

ABBILDUNG 19:
Scribbeln in der Vergröße-rung: helles Grau (oben), dunkles Grau (unten).

Scribbeln

Diese Technik habe ich als Kind mit Wachsmalstiften gelernt, meine Mutter nannte sie nur nicht so. Sie sagte lediglich: »Nicht mit geraden Strichen ausmalen, das sieht unordentlich aus.« Als Kind war meine Motorik noch nicht genug trai-niert, um gleichmäßig zu schraffieren. Tatsächlich verliefen meine Striche nicht parallel, überschnitten sich und sahen unregelmäßig aus. Das fand ich frustrierend.

Statt mit Punkten oder Strichen zu schattieren, können Sie auch kleine Schnörkel zeichnen. Ich mag die Technik, weil der Stift ständig mit dem Papier in Kontakt bleibt und weil ich mir über Anfang und Ende einzelner Striche keine Gedanken machen muss. Wenn Sie mit gleichmäßigen, parallelen Schraffuren Mühe haben, ist das Scribbeln vielleicht die richtige Technik, weil entspannter gezeichnet wird. Auch gescribbelte Schattierungen sehen weich und locker aus.

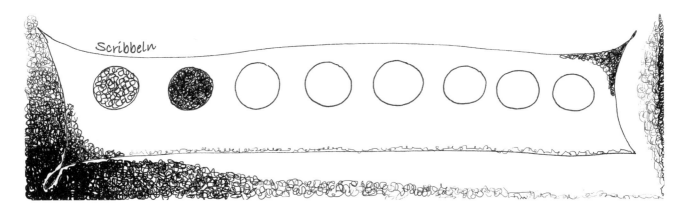

Scribbeln

ÜBUNG 15:
Scribbeln Sie in den Kreisen – mal hell, mal dunkel.

Ein Schritt weiter

Wie Sie sehen, gibt jede dieser Techniken Ihrer Arbeit eine andere Textur und
Ausstrahlung. Aber das ist nicht alles. Sie können mit diesen Techniken kleine
Formen zum Füllen gestalten, und dabei müssen Sie sich nicht auf Punkte, Striche
und Schnörkel beschränken. Kombinieren Sie alle, oder probieren Sie andere
Formen, vielleicht Sterne oder sogar Buchstaben. Genießen Sie das Spiel mit dem
Fineliner.

Natürlich können die drei Techniken, die ich hier für den Fineliner vorgestellt
habe, auch mit einem Bleistift ausgeführt werden. Beim Tüpfeln müssen Sie die
Bleistiftspitze leicht auf dem Papier drehen, damit ein Punkt entsteht. Das gelingt
am besten mit einem Bleistift HB oder weicher. Scribbles mit Bleistift sehen Sie im
Seahorse-ZIA auf Seite 105. Dort habe ich mit einem weichen Bleistift den dunklen Bereich schattiert und dann im zweiten Arbeitsgang den Verlauf gestaltet.

ABBILDUNG 20:
© Sonya Yencer. Sonya hat ihr
Werk mit vielen Details mit
Fineliner verziert. Mir gefällt
vor allem die Kombination
der Techniken.

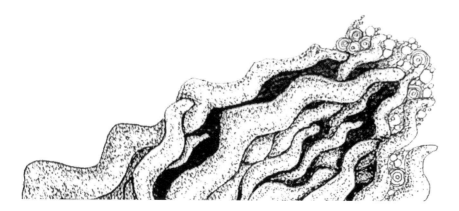

ABBILDUNG 21:
© Brinn Bentley, getüpfelte
Schattierungen

Mehr als simple Kästchen

Verwendete Tangles: **KNIGHTSBRIDGE, gefüllt mit EMINGLE, TIPPLE (mit Tangleations), BALES (Tangleations) und verschiedene Schattierungstechniken.**

KAPITEL 2
EINFACHE FORMEN SCHATTIEREN

Nachdem Sie die Grundtechniken des Schattierens kennengelernt haben, geht es nun um ihre Anwendung. Tangles sind oft komplex und setzen sich aus verschiedenen Formen zusammen. Darum ist es wichtig, zuerst das Schattieren der einzelnen Formen zu lernen.

Sie werden sehen, dass flache Formen durch Schattierungen eine dreidimensionale Wirkung bekommen können. Wenn Sie wissen, wie ein Quadrat in einen Würfel verwandelt wird oder ein Kreis in eine Kugel, können Sie die Techniken auch in Tangles anwenden, die solche Formen enthalten.

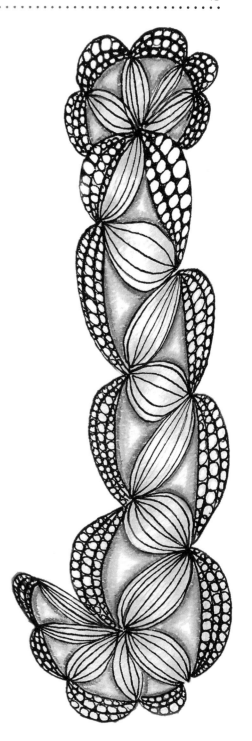

Formen

Durch Schatten werden einfache Umrisse zu Formen. Ein Umriss ist zweidimensional, er hat nur eine Höhe und eine Breite. Als Form bezeichne ich ein dreidimensionales Objekt, das neben Höhe und Breite auch eine Tiefe hat. Natürlich lassen sich auf zweidimensionalem Papier nur zweidimensionale Dinge zeichnen – aber es ist möglich, ihnen eine dreidimensionale Wirkung zu geben.

ABBILDUNG 22:
Schattierungen bewirken, dass wir Kreis, Quadrat und Dreieck als Kugel, Würfel und Kegel wahrnehmen.

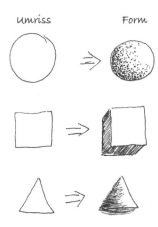

Hier sehen Sie, wie zweidimensionale Umrisse durch Schattierungen zu beinahe greifbaren Objekten werden.

Durch Licht und Schatten können Ihre Werke dreidimensional wirken. Dunkle Bereiche interpretieren wir als entfernt, helle als näher. Verwenden Sie also die hellsten Töne für Bereiche, die dem Betrachter am nächsten erscheinen sollen, und die dunkelsten für Bereiche, die am weitesten von ihm entfernt sind. Soll ein Element flach erscheinen, muss es einen einheitlichen Tonwert haben. Ist ein Bereich dunkler, scheint er tiefer zu liegen. Ist er heller, wirkt er höher. Tangles wirken um Längen interessanter, wenn Sie die einzelnen Formelemente so schattieren, dass sie eine dreidimensionale Wirkung bekommen.

Bevor ich das Schattieren von Formen erkläre, möchte ich kurz auf das Radieren eingehen.

Radieren oder nicht radieren, das ist hier die Frage.

Ein Zentangle-Set enthält keinen Radiergummi, weil es bei Zentangle keine Fehler gibt. Diesem Credo stimme ich vollkommen zu. Lassen Sie es beim Tangeln einfach fließen, und setzen Sie sich hinsichtlich des Ergebnisses nicht unter Druck. Andererseits nehme ich an, dass Sie dieses Buch lesen, weil Sie sich künstlerisch weiterentwickeln wollen. Und für Künstler kann ein Radiergummi durchaus nützlich sein. Ich verwende ihn beim Schattieren nicht, um Fehler zu beheben, sondern um – wie mit einem weißen Stift – Lichtpunkte zu setzen. Auch wenn ich beim Verwischen zu weit gegangen bin, ist ein Radiergummi praktisch. Ich habe lieber die Option, Ausrutscher zu korrigieren, statt beim Verwischen penibel darauf achten zu müssen, Grenzen einzuhalten. Dass ich mich für das Radieren ausspreche, heißt aber nicht, immer sofort zum Radierer zu greifen, wenn etwas nicht wie geplant läuft. Oft sind ungeplante Ergebnisse interessanter als die Resultate, die eigentlich angestrebt waren.

Ein Knet-Radiergummi ist ungemein praktisch, weil er sich zu einer dünnen Spitze formen lässt, mit der sich kleine Lichter setzen lassen. Sie brauchen nur sanft auf eine Bleistiftschattierung zu tupfen, um sie aufzuhellen. Fest aufdrücken können Sie mit der weichen Spitze nicht. Betupfen Sie stattdessen mehrmals die Stelle, die aufgehellt werden soll, bis der gewünschte Tonwert erreicht ist. Diese Methode eignet sich aber nur für hell schattierte Bereiche, denn mit ihr lässt sich das Graphit nicht restlos entfernen.

Kreise

Der Kreis ist eine Grundform, die viele Möglichkeiten bietet. Kreise kommen in vielen Tangles vor, beispielsweise in NIPA, PURK und JETTIES.

TIPP:

Wenn Sie ganz ohne Radiergummi arbeiten wollen, können Sie Lichtpunkte auch mit einem weißen Kohlestift oder einem weißen Buntstift setzen. Dann müssen Sie beim Verwischen aber besonders darauf achten, innerhalb der Linien zu bleiben.

ABBILDUNG 23:
Spitz geformter Knet-Radiergummi

INFO:
Bei Begriffen in Versalien handelt es sich um die Namen von Tangles.

Ein simpler Kreis

Ein Seeigel

Eine Perle

Eine Blase

ABBILDUNG 24:
All das (und mehr) lässt sich mit Bleistift aus einem Kreis machen.

Hier sehen Sie, was sich aus einem einfachen Kreis machen lässt. Natürlich ist noch mehr möglich. Halten Sie im Alltag nach Kreisformen Ausschau, und achten Sie darauf, wie Licht und Schatten auf ihrer Oberfläche spielen. Sorgfältige Beobachtung bildet die Grundlage jeder realistischen zeichnerischen Umsetzung.

Die Rippen auf der Schale scheinen höher zu liegen als die restliche Oberfläche. Das liegt daran, dass wir helle Bereiche als näher oder höher wahrnehmen. Das dunkelste Grau habe ich nur für den Rand verwendet.

Die Kugelform der Perle habe ich durch einen Verlauf ausgearbeitet. Gegenüber der Schattenseite befindet sich ein Lichtreflex. Hier fällt das Licht auf das Objekt. Für eine realistische Bleistiftzeichnung muss der Künstler die Position der Lichtquelle festlegen und darauf achten, dass alle Lichter und Schatten mit ihr korrespondieren. Beim Schattieren von Tangles finde ich das unnötig. Jedes Element darf gern in seinem eigenen Licht erstrahlen.

Soll eine Form nur angedeutet werden, genügt ein weicher Bogen als Formschatten. Ich habe dafür einen schmutzigen Tortillon verwendet. Mit ihm konnte ich einen blassen, weichen Strich zeichnen, der als Andeutung eines Schattens völlig genügt.

Die schwarz glänzende Kugel ist das Gegenteil der Blase. Ich habe die ganze Fläche mit dem Fineliner ausgefüllt und nur an einer Seite einen Lichtreflex ausgespart. Ihm gegenüber habe ich mit Bleistift oder Tortillon einen Schlagschatten angedeutet.

Solche glänzenden Kugeln können einen tollen Blickfang in einem Tangle bilden, vor allem, wenn sie neben einem hellen Bereich platziert werden und einen starken Kontrast bilden.

Strahlenförmig von der Mitte zum Rand verlaufende Striche machen aus dem Kreis einen Kegel aus der Vogelperspektive. Für den dunkelsten Bereich habe ich den Bleistift 4B benutzt, für das mittlere Grau 2H. Dann habe ich alles mit dem Papierwischer bearbeitet – immer von der Mitte zum Rand – und zuletzt verwischte Spuren außerhalb der Kreiskontur ausradiert.

Jeder Wollfaden hat seinen eigenen Schatten, aber auch das Knäuel selbst braucht einen Schatten. Die ersten Details hinter einzelnen Fäden habe ich mit dem Bleistift 4H gezeichnet. Dann habe ich mit dem Bleistift 2B den Formschatten des Knäuels angedeutet und verwischt – nur zart, um die Fadenstruktur zu bewahren. Zuletzt habe ich mit dem Radiergummi einige Lichter wieder aufgehellt, die beim Verwischen verloren gegangen waren. Das war nur mit einem Knet-Radiergummi möglich. Dadurch sehen die beiden hellen Fäden im Schattenbereich aus, als würden sie plastisch auf dem Knäuel aufliegen.

INFO:

Schauen Sie sich den Bleistift auf Seite 7 noch mal an. Auch hier folgt der Schatten der Form.

INFO:

Kegel werden mit geraden Strichen schattiert, weil ihre nach oben zugespitzte Wand nicht gekrümmt ist, sondern gerade.

ABBILDUNG 25:
Der Schatten muss der Form entsprechen, damit sie erkennbar wird.

Wichtig ist, dass Schatten immer der Form eines Objekts entsprechen. Wenn ein Kreis wie eine Kugel aussehen soll, muss der Schatten also gekrümmt sein. An den Beispielen auf der vorigen Seite ist zu erkennen, dass sich die Schatten an die Kontur anzuschmiegen scheinen. Das ist beim Wollknäuel am besten zu erkennen. Die Fäden verlaufen zwar in unterschiedlichen Richtungen, aber alle folgen der Rundung des Knäuels.

Was geschieht, wenn die Schatten gerade verlaufen? Das Gehirn weiß, dass Schatten immer der Objektform entsprechen, darum nimmt es das linke Beispiel als flachen Kreis wahr, der grau und weiß angemalt wurde. Auch wenn der Verlauf perfekt gelungen ist: Solange der Schatten nicht der Form entspricht, gelingt die Illusion der Dreidimensionalität nicht.

Gerade Linie   Schatten

Üben Sie das Schattieren in den Kreisen unten. Probieren Sie eine oder mehrere der Techniken von den vorherigen Seiten aus. Zeichnen Sie einen Verlauf oder verwischen Sie. Was gefällt Ihnen besser? Es spielt keine Rolle, wo der Lichtreflex sitzt. Wichtig ist nur, dass der dunkelste Schatten ihm gegenüberliegt. Wenn Sie einen Knet-Radiergummi haben, können Sie damit das Aufhellen von Lichtern üben. Wird der Fleck zu hell, weil zu viel Graphit abgenommen wurde, können Sie ihn mit dem Wischer wieder abdunkeln. Radieren und wischen Sie mit leichter Hand, und wiederholen Sie die Vorgänge bei Bedarf.

ÜBUNG 16:
Verwandeln Sie einen Kreis durch Schattierungen in eine Kugel.

Quadrate und Rechtecke

Quadrate kommen in vielen Tangles vor, von KNIGHTSBRIDGE bis W2. Außerdem gibt es viele Tangles, die mit einem Raster beginnen. Wenn Sie einzelne Quadrate interessant gestalten können, sind Sie auch imstande, bemerkenswerte Kunstwerke zu kreieren.

Quadrate und Rechtecke sind einfache Grundformen, lassen sich aber – wie Kreise – mit etwas Fantasie in viele interessante Formen verwandeln.

Beim Schattieren von Kreisen arbeiten wir die runde Form mit gekrümmten Schatten heraus. Das heißt aber nicht, dass Quadrate und Rechtecke nur mit geraden Strichen schattiert werden können. Im Gegenteil: Durch verschiedene Strichführungen können diese Vierecke nicht nur zu Kästen werden, sondern sich in viele interessante Formen wandeln.

Dieses Foto zeigt offensichtlich ein Quadrat, aber durch das Licht- und Schattenspiel wird klar, dass es noch mehr ist. Könnten Sie sich vorstellen, KNIGHTS-BRIDGE nicht mit schwarzen Quadraten, sondern mit solchen Elementen zu gestalten? Die Form lässt sich zeichnerisch leicht erfassen, indem man Licht und Schatten auf den Flächen genau studiert. Dies ist kein Tangle, aber das Beispiel zeigt, wie Sie Dinge in Tangles einbeziehen können, die Sie im Alltag sehen.

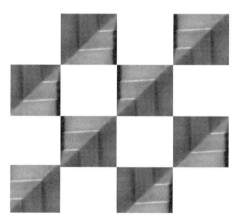

✤ INFO:

In der Welt von Zentangle sind Quadrate nicht streng geometrisch. Sie haben nicht immer gerade Konturen und Winkel von genau 90 Grad. Jede Form mit vier relativ gleich langen Seiten geht als Quadrat durch.

ABBILDUNG 26:

Interessante Quadrate gibt es überall. Dies ist die Holzschnitzerei am Pfosten einer Kirchenbank, stark vergrößert.

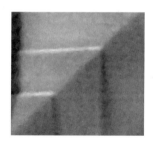

ABBILDUNG 27:

Stellen Sie sich vor, Licht könnte überall dort sein, wo Sie es sich wünschen. Das ist tatsächlich möglich – schließlich ist es Ihr Werk!

ABBILDUNG 28:
Wiedergabe von Licht und Schatten Schritt für Schritt erklärt

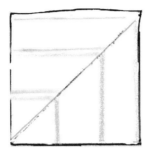 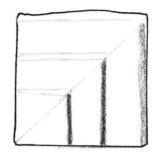 

Zuerst zart die Konturen der Lichter zeichnen. Ich habe den Bleistift 4H benutzt, damit die Linien nach dem Schattieren nicht mehr zu sehen sind.

Die dunkelsten Schatten mit einem weichen Bleistift zeichnen. Ich habe 6B verwendet, weil er sich gut verwischen lässt.

Nun die Seite im Licht schattieren, dabei die weißen Lichter aussparen. Die Schatten haben einen ganz dezenten Verlauf.

  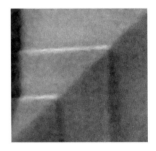

Dunklere Schatten einfügen und verwischen. Durch den Schatten auf der linken Seite wird die Form noch deutlicher erkennbar. Ich hätte ihn auch weglassen können … künstlerische Freiheit!

Nachdem alle Lichter und Schatten richtig platziert sind, werden die tiefsten Schatten noch einmal abgedunkelt. Durch den Kontrast wirkt die Form interessanter. Das wird vor allem im Vergleich mit dem vorigen Schritt erkennbar.

Vergleichen Sie meine Zeichnung mit dem Original. Ich denke, ich habe seinen Charakter gut eingefangen, ohne es genau zu kopieren. Es ist nicht nötig, nicht einmal wünschenswert, ein Foto exakt zu kopieren. Nutzen Sie Ihre Kunst als Form des Selbstausdrucks.

 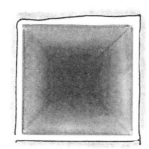 

ABBILDUNG 29:
Drei weitere Beispiele, was aus einem simplen Quadrat durch verschiedene Schattierungen entstehen kann

Mit vier dreieckigen Verläufen wird das Quadrat zu einer Pyramide aus der Vogelperspektive. Die Kanten und die Spitzen bleiben hell, weil das Licht von oben darauf fällt. Beim Kegel auf Seite 45 ist der Blickwinkel gleich, aber das Licht kommt von vorn.

Dies könnte die Pyramide von unten sein, vielleicht auch der Blick in eine leere Kiste. Der dunkelste Bereich liegt in der Mitte. Am Rand habe ich einen schmalen Streifen weiß gelassen und, damit er plastischer wirkt, seine äußere Kontur zart schattiert.

Hier machen die Schatten aus dem Quadrat ein Fenster oder eine Taste auf einer Tastatur. Die obere Seite ist am dunkelsten, die drei anderen Seiten haben Verläufe.

Das Schattieren solcher Formen geht bei mir langsam vonstatten. Ich trage etwas Graphit auf und verwische. Dann dunkle ich die tiefsten Schatten ab und verwische sie in die vorherigen hinein. Dies wiederhole ich, bis sie dunkel genug sind. Dann bereinige ich die Konturen mit einem Knet-Radiergummi.

ÜBUNG 17:
Verwandeln Sie die Quadrate in interessante Formen.

GRUNDREGELN DES SCHATTIERENS

Drei Grundregeln sollten Sie kennen, damit Ihre Schattierungen realistisch und ansprechend ausfallen.

- ✏ Schatten folgen immer der Form.
- ✏ Formschatten sind immer weich.
- ✏ Tiefer liegende Bereiche sind dunkler als höhere.

GUTE POSITIONEN FÜR SCHATTEN

- ✏ Überschneidungen und Kreuzungen von Linien
- ✏ Schmal zulaufende Bereiche, Spitzen
- ✏ Formen, die hinter anderen verschwinden
- ✏ Gegenüber von Lichtreflexen

ABBILDUNG 30:
Durch gekrümmte Schatten werden parallele Linien zu Rohren. Auch die gekrümmten Querbänder folgen der Form und verdeutlichen die Wölbung.

ABBILDUNG 31:
Durch Schatten an den Spitzen der Tropfenformen wird die Rundung der Mitte herausgearbeitet.

Schatten mit dem Wischer weich gestalten und den Verlauf gemäß der Form ausarbeiten.

Kurven vermitteln den Eindruck einer Wölbung.

Schatten unter dem Band schafft den Eindruck, dass es auf dem Rohr liegt.

Spitzen abdunkeln.

Mitte bleibt weiß.

ÜBUNG 18:
Gestalten Sie aus den Umrissen auf der nächsten Seite Formen.

Einfache Formen und Ideen zum Schattieren

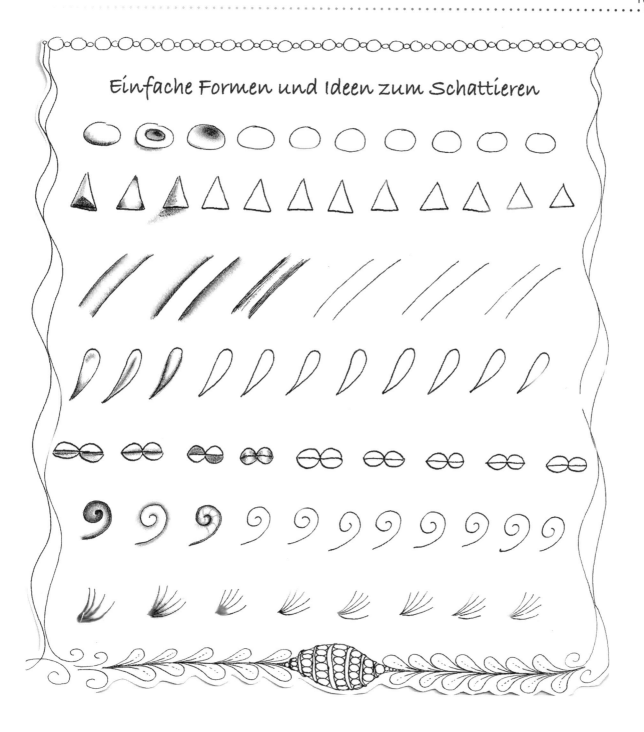

Nara

© Michelle Beauchamp, 2012

Verwendete Tangles: **STEF-AH-NI, TRIPOLI, MOOKA, TWING, CRESCENT MOON, FINERY, ZANDER, BALES, MEER, DYON, FLORZ, BETWEED, PURK, BUNZO, YINCUT**

KAPITEL 3
TANGLES SCHATTIEREN

In diesem Kapitel finden Sie Vorschläge zum Schattieren von
20 Tangles. Da ich nicht alle denkbaren Tangles präsentieren kann,
nicht einmal alle offiziellen, habe ich eine Auswahl an offiziellen
Tangles getroffen und anhand der Schattierungsmöglichkeiten in
Gruppen geordnet. Natürlich können Tangles auf vielerlei Weise
schattiert werden. Wenn Sie aber ein neues Tangle sehen, gewinnen
Sie durch die Zuordnung zu einer Gruppe Anhaltspunkte für das
Schattieren.

Meine Beispiele sind lediglich Vorschläge, die Ihre Kreativität anregen
sollen. Nutzen Sie die freien Flächen, um viele eigene Ideen umzu-
setzen. Dies ist ein Kapitel zum Spielen und Ausprobieren. Später
können Sie Ihre Übungen als Anregungen zum Schattieren eigener
Tangles nutzen.

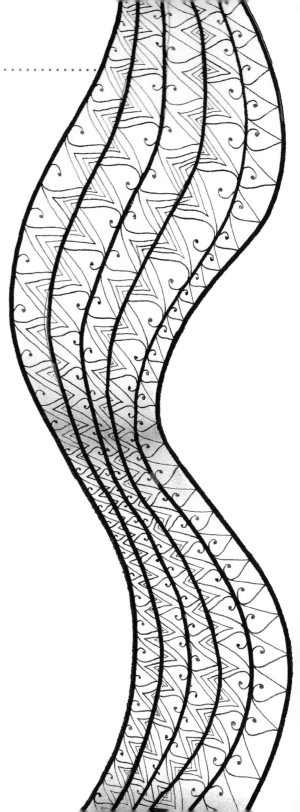

Tangles, die man unbedingt schattieren sollte

Manche Tangles sieht man nie ohne Schattierungen. Sie sind so ein wichtiger Bestandteil, dass man sie ohne möglicherweise nicht erkennen würde. Die Tangles in dieser Gruppe werden von Tanglern in aller Welt sehr ähnlich schattiert. Dieses Kunstwerk sieht ohne Schatten bedauernswert nackt aus, oder?

✜ INFO:

BRAZE, RADDOX, GNEISS und BEELINE fallen in diese Gruppe. Alle können ähnlich wie STATIC schattiert werden.

ÜBUNG 19:
Schattieren Sie diese Zeichnung, nachdem Sie an den einzelnen Tangles in diesem Abschnitt geübt haben.

 INFO:

*Sofern nichts anderes ange-
geben ist, sind alle Tangles
in diesem Buch »offiziell«.
Das heißt, sie wurden von
Rick Roberts und Maria
Thomas bzw. Mitgliedern von
Zentangle, Inc. geschaffen.*

Als erstes Tangle in dieser Gruppe möchte ich das offizielle Tangle PEPPER vorstellen. Die Schattierungen sind so wichtig, dass ich es hilfreich finde, sie zuerst zu zeichnen. Ich weiß, dass das »gegen die Regeln« ist. Zum Glück gibt es keine Zentangle-Polizei. Wenn Sie PEPPER schwierig zu zeichnen finden, versuchen Sie es einmal auf diese Weise.

*PEPPER unschat-
tiert. PEPPER muss
dreidimensional
ausgearbeitet werden.
Es sieht wie ein Pfef-
ferminzbonbon aus.
Damit es dreidimen-
sional wirkt, müssen
die Streifen der Form
angepasst sein.*

*Da auch die Schatten
die Form verdeut-
lichen, finde ich es
einfacher, damit zu
beginnen. Beim Zeich-
nen der Streifen in der
Mitte beginnen und
am Rand des Schattens
so abwinkeln, dass die
Wölbung erkennbar
wird.*

Übung 20:
*Zeichnen Sie jetzt die
Streifen in den Kreis.*

Übung 21:
*Gleich noch einmal.
Statt die Streifen
schwarz auszumalen,
können Sie sie auch
mit Kreisen ausfüllen
oder nach eigenen
Ideen gestalten.*

Auch STATIC würde ohne Schattierungen nichtssagend wirken. Erst dadurch bekommt es seinen plastischen Berg-und-Tal-Charakter.

STATIC ohne Schattierungen

Eine einfache Schattierung aus abwechselnden Streifen. Ich verbinde meist zuerst die Bergspitzen und Talsohlen miteinander, um Hilfslinien zur Platzierung der Schatten zu haben.

Deutlicher treten die Berge und Täler hervor, wenn man die Täler sehr dunkel schattiert und die Gipfel weiß lässt. Dazwischen liegen kleine Verläufe.

ÜBUNG 22:
Versuchen Sie, zwei andere Schattierungsvarianten zu finden.

JONQAL ist der ordentlichere »Bruder« von Static. Während die Striche bei Static ungleichmäßig und dicht angeordnet sind, hat JONQAL gleichmäßigere Abstände. JONQAL fällt ins Auge und eignet sich besonders als Kontrast zu helleren, lockeren oder organischen Tangles.

Normalerweise werden die senkrechten Streifen schattiert. Mir gefällt ein leichter Verlauf.

Übung 23:
Probieren Sie an diesen beiden unschattierten Bildern Verläufe aus.

JONQAL noch einmal ohne Schattierungen.

Dieses Beispiel wurde mit Bleistift mehr dekoriert als schattiert.

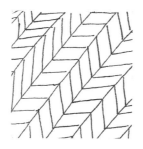

Übung 24:
Versuchen Sie etwas anderes als in Übung 23.

Vielschichtige Tangles schattieren

Zu Beginn von Zentangle-Anfängerkursen lernt man, dass viele Tangles vielschichtig angelegt sind: Manche ihrer Komponenten scheinen hinter anderen zu liegen, wie bei HOLLIBAUGH. Bei einigen fängt man mit wenigen Komponenten an und zeichnet alles andere dahinter. So werden sie quasi Schicht für Schicht aufgebaut und wirken am Ende recht komplex.

Wenn eine Komponente hinter eine andere gezeichnet wird, entsteht eine räumliche Wirkung, die durch Schattierungen noch deutlicher hervortritt. Dabei genügt es, die Konturen der Elemente nachzuzeichnen und nach außen zu verwischen, über alles hinweg, was dahinter gezeichnet ist. Noch stärker wird die Wirkung, wenn Sie den Hintergrund schwarz ausmalen und einige Bereiche ganz weiß lassen. Ich führe es hier an HOLLIBAUGH und PRINTEMPS, vor, aber die Technik eignet sich für alle vielschichtigen Tangles.

✳ INFO:
Weitere Tangles in dieser Gruppe sind AURAKNOT, IX, CIRQUITAL, MYSTERIA und UMBLE.

ÜBUNG 25:
Schattieren Sie zuerst HOLLIBAUGH und PRINTEMPS, ehe Sie sich an diesem Werk versuchen.

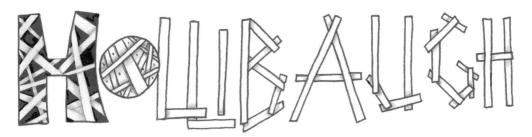

Wird HOLLIBAUGH mit geraden Strichen gezeichnet, sieht es aus wie ein Haufen Stäbchen, vielleicht ein Mikadospiel. Wo ein Stäbchen auf einem anderen liegt, wirft es auf das tiefer liegende einen Schatten. Das müssen die Schattierungen verdeutlichen. Da es Schlagschatten sind, können sie hart oder weich sein. Mir gefallen weiche Schatten besser.

✎ TIPP:

Bei all den Linien ist der Hintergrund manchmal schwer zu erkennen. Setzen Sie einen Punkt in jeden Bereich, der im Hintergrund zu liegen scheint. Wenn Sie dabei einen Fehler machen, sieht ein Punkt auf einem Stäbchen immer noch besser aus als ein versehentlich geschwärzter Teil.

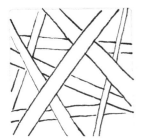

HOLLIBAUGH, nicht schattiert

Schattierungen außerhalb der »Stäbchen« über den darunter liegenden

Der schwarze Hintergrund verstärkt den Kontrast, das Tangle wirkt interessanter.

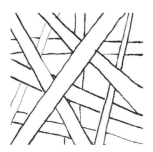

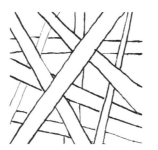

ÜBUNG 26:

Schattieren Sie diese beiden HOLLIBAUGHS auf unterschiedliche Weise, vielleicht eine mit harten und eine mit weichen Schatten.

Printemps

Wenn HOLLIBAUGH wie ein Haufen Stäbchen aussieht, könnte man PRINTEMPS vielleicht mit vielen Kreiseln vergleichen. Auch hier werden die Konturen der höheren über die tieferen hinweg schattiert. Sie könnten auch nur die Seite schattieren, die dem Lichtreflex gegenüberliegt. Ich schattiere meist die gesamten Formen, aber probieren Sie ruhig beide Möglichkeiten aus.

PRINTEMPS,
nicht schattiert

Durch Schatten an den Rändern beginnen einige Spiralen zu »schweben«.

Vor schwarzem Hintergrund sind vier Ebenen zu erkennen. Zuoberst liegen die unschattierten Spiralen, darunter die teilweise schattierten. Unter diesen liegen die komplett schattierten Spiralen und zuunterst der schwarze Hintergrund.

 INFO:

Durch das Schattieren entstehen vier Ebenen. Die oberste hat keinen Schatten. Die zweite liegt im Teilschatten, die dritte liegt ganz im Schatten. Zuunterst liegt der schwarze Hintergrund.

ÜBUNG 27:
Schattieren Sie hier die ganzen Konturen.

ÜBUNG 28:
Schattieren Sie nur die Seite, die dem Lichtreflex gegenüberliegt.

Verschlungene Tangles schattieren

Tangles, die aussehen wie geflochten oder gewebt, werden ähnlich schattiert wie die vielschichtigen. Zu den »gewebten« gehören beispielsweise W2 und HUGGINS. Andere erinnern eher an Zöpfe oder Tauwerk. Sie sehen komplex aus und können durch einfache Schattierungen noch verfeinert werden.

Platzieren Sie Schatten dort, wo ein Band oder Faden unter einem anderen verschwindet – ähnlich wie Sie beim Schattieren vielschichtiger Tangles die Ebenen herausgearbeitet haben. Diese Technik eignet sich nicht nur für vielschichtige und verschlungene Tangles, sondern für alle Fälle, in denen ein Element optisch über ein anderes gehoben werden soll.

INFO:

Andere Tangles in dieser Gruppe sind W2, MI2 und HIBRED.

Drei verschlungene Tangles
© Mimi Lempart

ÜBUNG 29:
Üben Sie zuerst das Schattieren von HUGGINS, bevor Sie sich an diesem Kunstwerk versuchen.

HUGGINS ist leicht zu schattieren. Sie müssen nur die Innenrundungen der Verbindungen zwischen den Kreisen, die Sie zu Beginn gezeichnet haben, nachziehen und etwas verwischen. Das genügt schon. Ich finde es herrlich, wenn sich mit wenig Mühe große Wirkung erzielen lässt.

  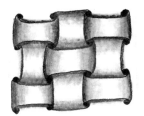

Oben: dezente Schatten, Schraffur mit Fineliner, kräftige Schattierung
Unten: Unschattiert

ÜBUNG 30:
Versuchen Sie die Flecht-struktur durch verschiedene Schattierungen herauszuar-beiten.

punzel & chainging

Diese beiden Tangles sehen wie Zöpfe aus. PUNZEL ist dünn, CHAINGING ist dick. Wenn die Bereiche zwischen den Strängen anders gestaltet werden als in tiefem Schwarz, wirken sie immer wieder unterschiedlich.

Zuerst die Bereiche zwischen den Strängen abdunkeln – mit Fineliner oder Bleistift 4B

Die nächste Linie folgt der Krümmung von einem dunklen Bereich zum nächsten.

Verwischt sieht die Schattenlinie noch besser aus.

PUNZEL für einen eigenen Versuch

Nur Schatten

Schatten mit schwarzem Hintergrund

CHAINGING für eigene Versuche

ÜBUNG 31:
Versuchen Sie, die Strukturen der unschattierten Zöpfe durch eigene Schattierungen herauszuarbeiten.

BETWEED ist einfach zu zeichnen, aber die Ergebnisse wirken komplex. Es lässt sich vielfach variieren. Zeichnet man es in einen Streifen, wirkt es wie ein Origami. In einem Kreis sieht es völlig anders aus. Schattieren Sie die überlappenden Bereiche in der Mitte, um den Flechteffekt zu betonen, oder arbeiten Sie die sich schneidenden Linien durch Schatten deutlicher heraus. Was gefällt Ihnen besser? Probieren Sie beides aus.

 INFO:
Dies ist eigentlich nur ein Viertel von BETWEED.

Schattierte Überlappungen

Schattierte Konturen

ÜBUNG 32:
Schattieren Sie diese beiden.

 TIPP:
Versuchen Sie beim Zeichnen, die Strichstärke zu variieren, um dezente Schatten anzudeuten.

Räumliche Wirkung

Beim Schattieren von vielschichtigen oder verschlungenen Tangles verdeutlichen Sie die räumliche Wirkung, die schon durch die sich überschneidenden Elemente entsteht. In anderen Tangles ist diese räumliche Wirkung nicht vorhanden. Es steht Ihnen aber frei, sie einzubringen. Wenn ein Tangle nicht per se dreidimensional wirkt, können Sie durch Schattierungen selbst definieren, welche Elemente oben oder unten liegen. CUBINE, ENNIES und NIPA sind drei Tangles, die gut in diese Kategorie passen.

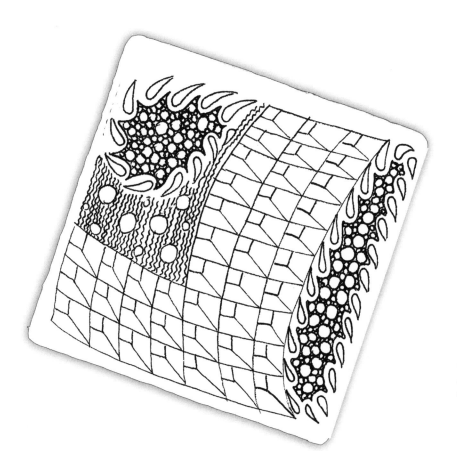

ÜBUNG 33:
Üben Sie das räumliche Schattieren, bevor Sie sich an diesem Kunstwerk versuchen.

Ennies

ENNIES ist ein Tangle, das flach wie ein Teppich wirkt. Mit ein paar Schatten sieht es gleich viel aufregender aus.

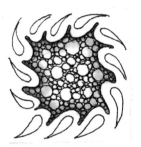

Durch Schatten um die Kreise herum weicht das ganze Zentrum optisch zurück, und der Rand aus Tropfen tritt hervor. Den äußeren Rand am dunkelsten schattieren und nach innen verwischen. Ich habe einen Bleistift 4B verwendet. Ein hellerer Schatten lässt den Bereich flacher wirken.

Eine andere Variante. Ich habe die Ränder der Tropfen mit Fineliner schattiert und einen Verlauf ins Innere gelegt, damit sie plastisch wirken. Dann habe ich den Rand der Tile schattiert.

ÜBUNG 34:
Versuchen Sie es mit einem Verlauf außerhalb der Kreise statt in ihnen. Sieht es dann aus, als wären sie aufsteigende Blasen, die gleich die Tropfen überschwemmen?

ÜBUNG 35:
Schattieren Sie eins der Beispiele mit einem Verlauf an den Rändern der Kreise, und entscheiden Sie beim anderen selbst.

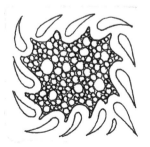

Die optische Täuschung, die beim Schattieren von CUBINE entsteht, ist so stark, dass man sie für Zauberei halten könnte.

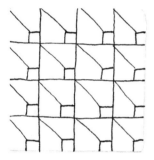

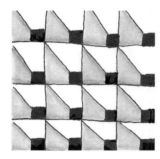

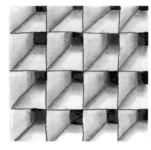

Ohne Schatten wirkt das Muster ein bisschen langweilig.

Übliche Schattierung: ein Dreieck grau, das Quadrat schwarz

Verläufe machen die Schattierung interessanter.

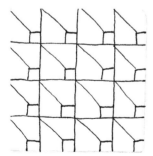

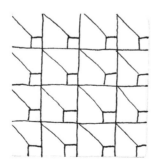

ÜBUNG 36:
Erproben Sie Ihre Zauberkünste an diesen beiden Beispielen.

NIPA könnte man den vielschichtigen Tangles zuordnen, weil die Linien hinter die Kreise gezeichnet werden. Weil es aber so viele Linien in engen Abständen sind, kann man die Verbindung auf beiden Seiten der Kreise schwer erkennen. Die Vielschichtigkeit wird erst durch die Schatten deutlich.

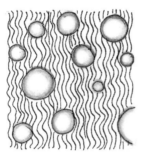 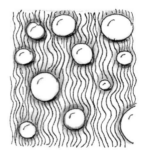 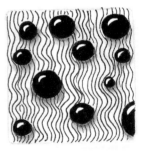

Durch Schatten am Innenrand werden die Kreise zu Löchern.

Durch Schatten am Außenrand der Kreise werden sie zu Kugeln, die auf den Linien liegen. Durch kleine, gekrümmte Striche wirken sie noch plastischer.

Mit einem Fineliner werden schwarz glänzende Perlen daraus. Ich habe links einen Lichtreflex weiß gelassen und gegenüber einen Schlagschatten angedeutet. So wird deutlich: Das Licht kommt von oben links.

ÜBUNG 37:
Schattieren Sie einmal so, dass die Kreise zu Löchern werden, und verwandeln Sie sie im zweiten Versuch in Kugeln.

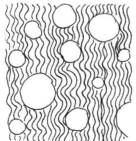 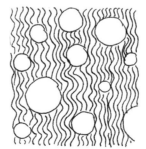

Individuelle Schattierungen

Nur für wenige Tangles gibt es eine typische Art des Schattierens. Die meisten können flexibel gestaltet werden. Sie zu schattieren macht viel Spaß, weil sie viel Spielraum bieten, den eigenen Stil zu verwirklichen. Mit kreativer Schattierung lässt sich ihre Wirkung völlig verändern. Nehmen Sie meine Beispiele als Anhaltspunkte, und probieren Sie auf den nächsten Seiten eigene Ideen aus. Wie viele verschiedene Möglichkeiten fallen Ihnen ein?

ÜBUNG 38:
Gestalten Sie dieses Kunstwerk, nachdem Sie an FIFE, BALES, 'NZEPPEL, SHATTUCK, FLUX, OOF und FLUKES geübt haben.

FLUKES ist ein plakatives, geometrisches Muster, das durch Schattierungen noch ausdrucksvoller wirkt.

Zwei schattierte Seiten: sieht aus wie Fisch-Schuppen

Abgestufte Schatten unter dem dunklen Viereck sorgen für eine starke räumliche Wirkung.

Gerade Schatten unter dem dunklen Viereck wirken völlig anders.

ÜBUNG 39:
Dreimal FLUKES für eigene Versuche. Sie können meine Ideen kopieren oder eigene ausprobieren.

FLUX ist eins meiner Lieblingstangles. Die Kreise schattiere ich oft so dunkel, dass sie kaum zu erkennen sind. Es macht aber auch Spaß, sie zum Leuchten zu bringen.

Normalerweise lege ich zarte Schatten in die Mitte jedes Blütenblatts und dunklere hinter die Blätter.

Schatten nur auf den Unterseiten der Blütenblätter

Schraffiert und getüpfelt: wieder eine andere Wirkung

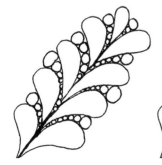  

ÜBUNG 40:
Probieren Sie selbst verschiedene Varianten aus.

Toll an SHATTUCK ist, dass es so viel Raum für kreative Einfälle lässt. Ich mag es mit geraden und mit gekrümmten Linien gern.

Durch außen liegende Schatten treten die Diagonalen hervor.

Technik für verschlungene Tangles zusammen mit schattierten Diagonalen

Starke Verläufe an entgegengesetzten Ecken

Schatten an den Diagonalen, aber nicht so weit verwischt wie oben

Dunkle Verläufe hinter den Bogen betonen die Rundungen.

Freistil! Achten Sie auf die Veränderungen von oben nach unten.

ÜBUNG 41:
Kopieren Sie aus jeder Reihe Ihre Lieblingsversion. Dann erfinden Sie zwei eigene Lösungen.

Das hübsche Tangle OOF bietet viele Möglichkeiten. Sie können nur die »Reiskörner«, nur die Rauten oder nur den Innenraum schattieren – oder alle drei unterschiedlich. Wenn Sie mögen, füllen Sie den Innenraum mit Tangles aus. Was fällt Ihnen dazu ein?

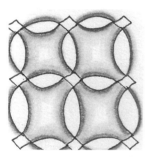

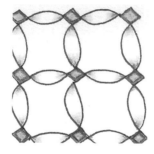

Zarte Wirkung durch einfache Schatten in den Rauten und an den Spitzen der Reiskörner

Ein heller Verlauf in der Mitte hebt die Kreisformen hervor.

Durch abwechselnd schattierte Elemente entsteht ein Quilt-Effekt. Dunkle Scribbles verstecken einen Fehler.

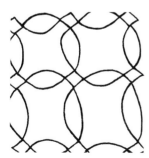

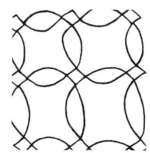

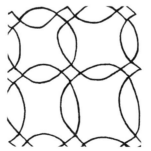

ÜBUNG 42:
Finden Sie drei verschiedene Schattierungslösungen.

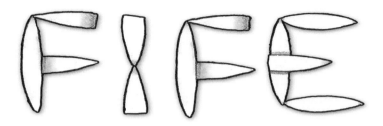

FIFE ist eigentlich ein vielschichtiges Tangle, aber weil es so viele Möglichkeiten bietet, fand ich, dass es besser in diese Gruppe passt.

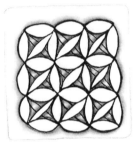

Konturschraffur mit einem superdünnen 0,2-mm-Fineliner. Durch verschiedene Strichabstände weichen einige Blätter zurück, andere treten hervor. Der schwarze Hintergrund sorgt für einen spannenden Kontrast.

Schatten um die Blütenblätter herum. Nicht zu stark verwischen, sonst gehen die Lichtpunkte im Hintergrund verloren.

Ganz anders wirkt es, wenn Sie die Kreuzungen der Blütenblätter schattieren. Ich habe einen Kreis um jede Kreuzung gezeichnet und nach außen verwischt. Danach habe ich die Form mit einigen Strichen angedeutet.

ÜBUNG 43:
Schattieren Sie die Tangles unterschiedlich. Betonen Sie dabei verschiedene Elemente.

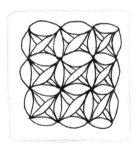

'NZEPPEL habe ich während meiner CZT-Ausbildung zeichnen gelernt, und seitdem liebe ich es. Es ist ein Raster, eine Blüte, eine geometrische Form – ein echtes Chamäleon.

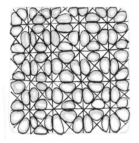
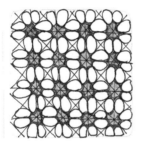
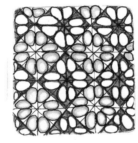

Schatten mit Bleistift 2H nur innerhalb der leicht zerdrückten »Ballons«

Dunkle Schatten mit Verlauf im Bereich der »Spinnennetze«

Abwechselnd: innen in einem Quadrat, außen im nächsten

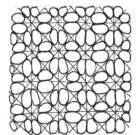
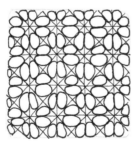
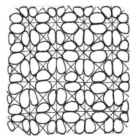

ÜBUNG 44:
Zeichnen Sie drei verschiedene Schattierungen – nach meinem Vorbild oder eigenen Ideen.

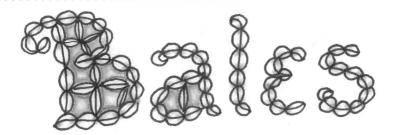

BALES und OOF weisen einige Ähnlichkeiten auf und können daher auch ähnlich schattiert werden. Meine Tochter Alexa und ich schattieren BALES sehr gern, darum habe ich Ihnen viel Spielraum zum Ausprobieren gelassen. Viel Spaß.

BALES ohne Schatten. Die Aura sorgt für die spitzenartige Wirkung

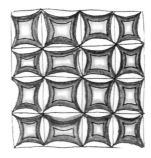

Dunkle Verläufe heben die Blütenblätter und die Kreise hervor.

Durch zweifarbige Schatten auf den Blütenblättern werden Windräder erkennbar.

Ein zarter Verlauf innerhalb der Aura umrahmt die Blütenformen.

Quilt-Effekt durch einen runden Verlauf an jeder Kreuzung und den Wechsel von weißen und schwarzen Zentren

Alexa mag weiche Schatten in den Zentren, die sie in die Auren der Blütenblätter verwischt.

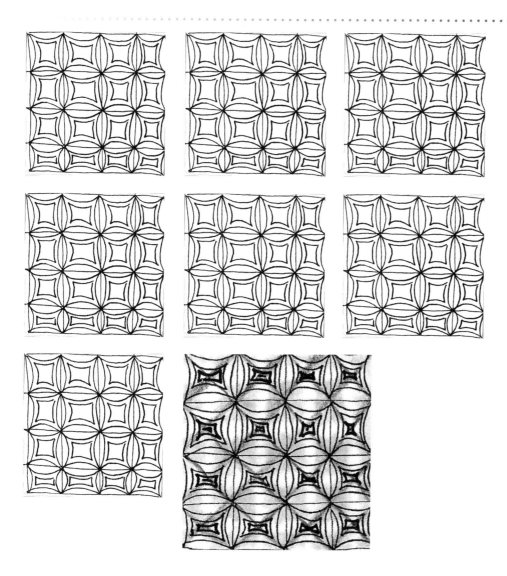

ÜBUNG 45:
Sieben unschattierte Tangles für Sie. Kopieren Sie unsere Vorschläge oder entwickeln Sie neue Ideen.

Ich hoffe, diese Version gefällt Ihnen so gut wie mir. Es ist Alexas Lieblingsschattierung für BALES. Dabei werden die offenen Bereiche mit Auralinien ausgefüllt. Dann zeichnen Sie über Eck weiche Diagonalen und verwischen sie nach außen. Ich empfehle, in der Mitte jedes Blütenblatts einen Lichtreflex weiß zu lassen.

Neue Tangles für Sie

Verwendete Tangles: **MARCEL, SQUIRMY, PILLA, STEF-AH-NI,
SINUOUS, MEES, CRUX, MYRTLE, CREWELERY,
THANKSGIVING, ZA, KNOPEN.**

KAPITEL 4
NEUE TANGLES ZUM SCHATTIEREN

Das vorige Kapitel enthielt 20 offizielle Tangles und fast 50 Ideen, sie zu schattieren. Wahrscheinlich kannten Sie viele bereits, und manche hatten Sie vielleicht auch schon vorher schattiert. Dieses Kapitel enthält nur neue Tangles. Sie werden also nicht von Varianten beeinflusst, die andere Personen für sie entwickelt haben. Neun habe ich für dieses Buch entwickelt, drei stammen von anderen Künstlern.

In diesem Kapitel zeige ich nicht, wie die Tangles schattiert werden, sondern in welchen Schritten man sie zeichnet. Schon die Art des Zeichnens gibt Anhaltspunkte für mögliche Schattierungen. Sie können auch Vorschläge von Seite 50 aufgreifen, aber vor allem sollten Sie bei diesen Tangles Ihre eigene Fantasie einsetzen.

Wenn Ihnen tatsächlich nichts einfällt, schauen Sie sich das schattierte Bild am Ende des Kapitels an.

Durch Experimentieren zum eigenen Stil finden

CREWELERY

Dieses Muster widme ich meinen Freundinnen, deren Hobby die Krüwellstickerei – Wollstickerei auf Leinen – ist, und allen, denen es gefällt.

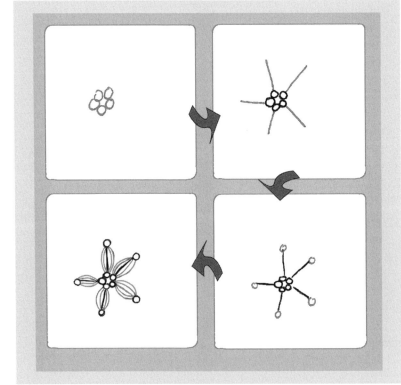

ÜBUNG 46:
Schattieren Sie die drei Blüten oben und die Reihe ganz unten.

ÜBUNG 47:
Stellen Sie das Tangle fertig.

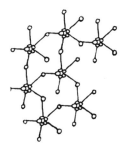

SINUOUS

SINUOUS bedeutet »kurvig« – wie die Sinuskurve, mit der Sie beginnen. Dieses Tangle hat keine geraden Linien.

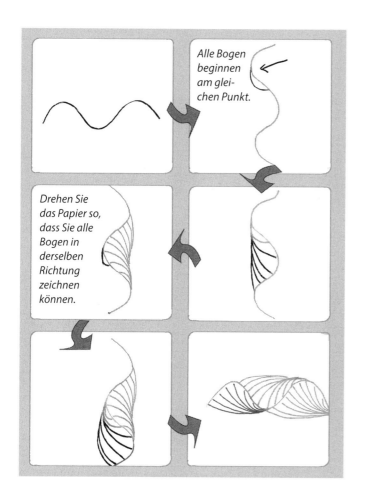

Alle Bogen beginnen am gleichen Punkt.

Drehen Sie das Papier so, dass Sie alle Bogen in derselben Richtung zeichnen können.

ÜBUNG 48:
Schattieren Sie die drei Tangles, um ihren Aufbau deutlicher herauszuarbeiten.

MARCEL

Meine Tochter hat diese Tangleation des Tangles FLORZ entwickelt und nach ihrem Onkel benannt. Es bietet viel Spielraum für Schattierungsvarianten. Viel Vergnügen damit.

ÜBUNG 49:
Finden Sie drei Möglich-keiten, das Tangle räumlich wirken zu lassen.

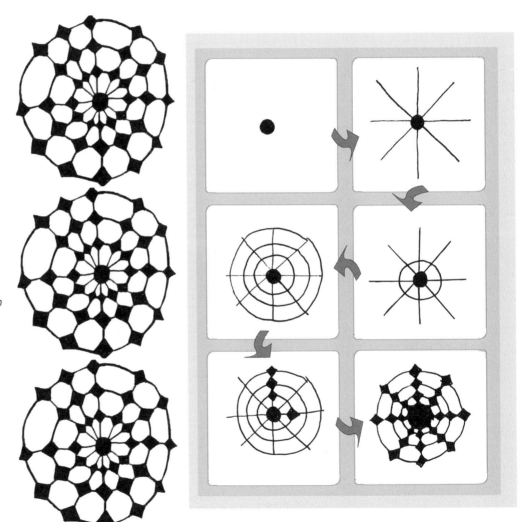

KNOPEN

Auf die Idee für KNOPEN kam ich beim Anblick eines Makramee-Einkaufsnetzes. Knopen ist das niederländische Wort für Knoten. Lassen Sie beim Zeichnen viel Platz zwischen den Reihen von Bogen. Beim Zeichnen der S-Formen zwischen den Bogen ist es sinnvoll, das Blatt zu drehen.

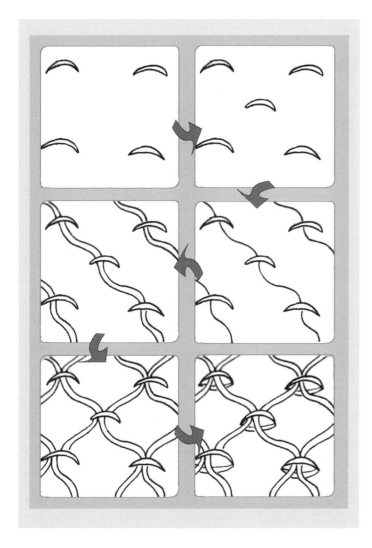

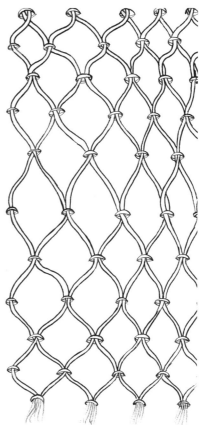

ÜBUNG 50:
Versuchen Sie, KNOPEN zu schattieren. Sie können auf dem Weg von oben nach unten gern auch die Technik ändern.

SQUIRMY

Ich zeichne gern die fließenden Formen von FLUX, aber ich verwende sie in den meisten meiner Werke. Um für etwas Abwechslung zu sorgen, aber dennoch das fließende Gefühl zu bewahren, habe ich die Tangleation SQUIRMY entwickelt. Sie besteht, wie das offizielle Tangle BURZO, nur aus einer Form, wirkt aber völlig anders.

ÜBUNG 51:
Schattieren Sie die beiden Beispiele unterschiedlich.

ÜBUNG 52:
Versuchen Sie es bei der langen Version mit einem Schlagschatten.

PILLA

Für PILLA stand das Muster auf einem Kissenbezug Pate. Sie können es plakativ zeichnen, indem Sie viel Platz zwischen den Auralinien lassen, oder durch viele Auralinien ausarbeiten. Wenn Sie Mühe mit den Wellenlinien haben, fangen Sie mit den Kreisen an.

ÜBUNG 53:
Viel Spaß beim Schattieren.
Es gibt so viele Möglichkeiten!

MYRTLE

Kaum zu glauben, dass dieses schöne Tangle aus einem Fehler heraus entstand. Grund genug, nicht immer gleich zum Radiergummi zu greifen. Sonya Yencer hat das Muster in Myrtle Beach gezeichnet und darum MYRTLE genannt.

Tangleation

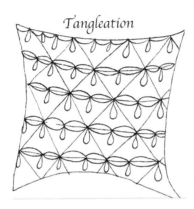

ÜBUNG 54:

Auch MYRTLE lässt sich auf vielfache Weise schattieren. Lassen Sie sich zu den drei Beispielen etwas einfallen.

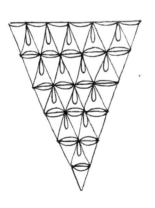

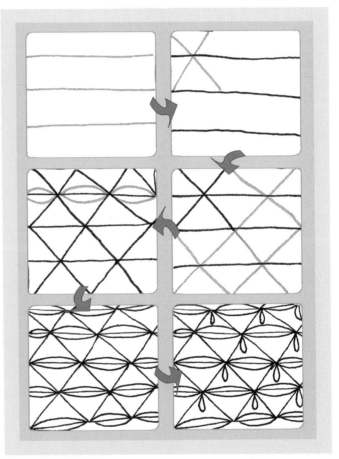

STEF-AH-NI

Stephania nennt man die Brautkränze in der griechisch-orthodoxen Kirche. Traditionell sind sie mit Bändern umwickelt – ebenso wie dieses Tangle. Es ist nicht schwer zu zeichnen, erfordert aber etwas Konzentration.

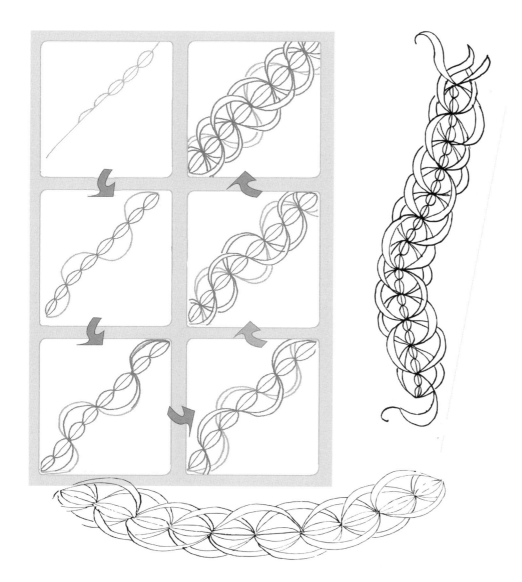

ÜBUNG 54:
Geben Sie dem Tangle mit Schattierungen eine drei-dimensionale Wirkung.

ZA

Scrabblespieler und Teenager wissen, dass ZA ein Kürzel für Pizza ist. Wenn ZA halb fertig ist, sieht es aus wie ein Stück Pizza. Es macht Spaß, das Tangle zu zeichnen, weil es mit geraden Linien beginnt und sich dann zu einer kurvig-fließenden Schönheit entwickelt. Wie möchten Sie es durch Schattierungen verändern?

ÜBUNG 56:

Probieren Sie verschiedene Varianten aus.

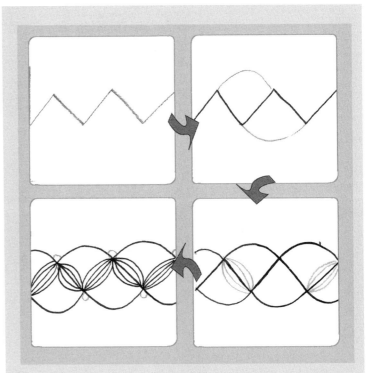

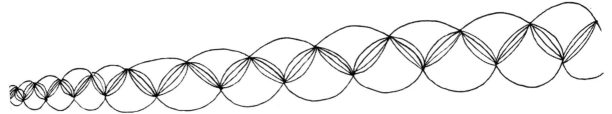

CRUX

Auf die Idee für CRUX kam ich beim Anblick einer Wand aus Kreuzen in der
St.-Catharine-Kirche in Bexley, Ohio. Crux ist lateinisch und bedeutet Kreuz.

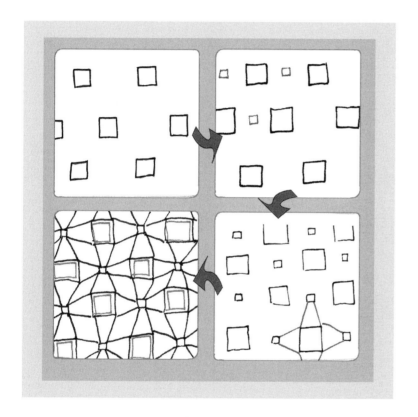

ÜBUNG 57:
Versuchen Sie, durch Schattierungen die räumliche Wirkung nachzuempfinden – oder kreieren Sie einen anderen Effekt.

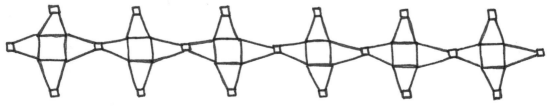

THANKSGIVING

THANKSGIVING ist ein Original-Tangle von Kelley Kelly. Die Variation von OPUS sieht aus wie ein Füllhorn. Lassen Sie üppige Schattierungen daraus hervorquellen.

ÜBUNG 58:

Ein Feld zum Schattieren und eins, um selbst zu zeichnen

MEES

Für MEES stand ein Bauwerk Pate – es handelt sich um das Mees-Auditorium an der Capital University in Bexley (Ohio) mit seiner interessanten Wanddekoration.

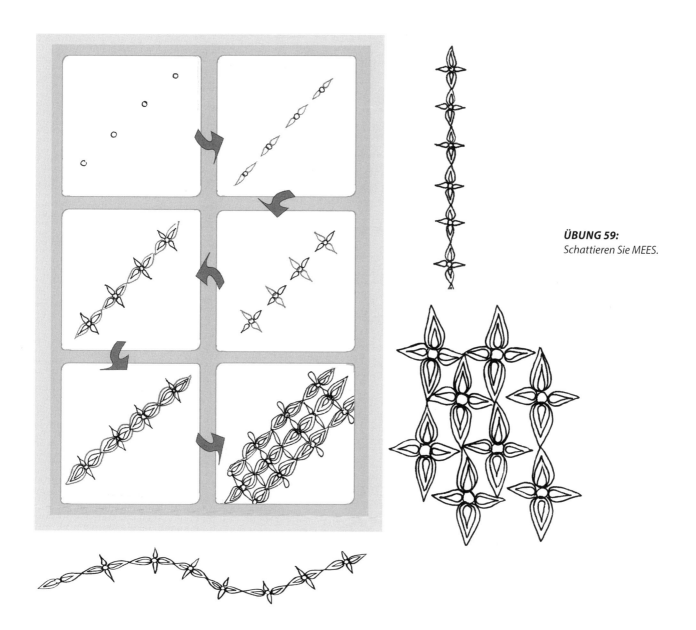

ÜBUNG 59:
Schattieren Sie MEES.

Neue Tangles, für Sie schattiert

Verwendete Tangles: **MARCEL, SQUIRMY, PILLA, STEF-AH-NI, SINUOUS, MEES, CRUX, MYRTLE, CREWELERY, THANKSGIVING, ZA, KNOPEN**

KAPITEL 5
DAS GROSSE GANZE: EIGENE WERKE SCHATTIEREN

Wenn Sie die Übungen durchgearbeitet haben, kennen Sie Ihre Werkzeuge jetzt sehr gut und sind im Schattieren von Einzelformen und Tangles recht geübt. Nun können wir uns mit dem Schattieren der Gesamtkunstwerke beschäftigen. An den Projekten in diesem Kapitel erkläre ich ausführlich, wie ich verschiedene Werke schattieren würde. Außerdem zeige ich, wie sich mit Schatten unterschiedliche Effekte erzielen lassen. Denken Sie aber immer daran, dass es beim Zentangle darum geht, die eigene Kreativität zu entwickeln. Nehmen Sie meine Vorschläge also nur als Anregung.

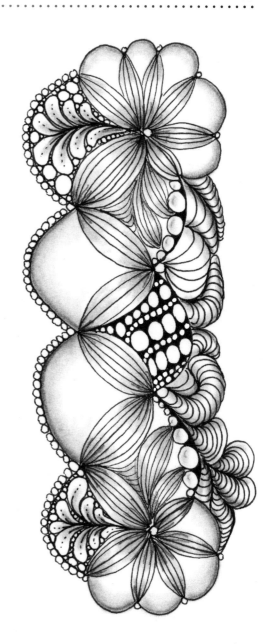

Meine Herangehensweise

Es kommt vor, dass man ein Tangle beendet hat und begeistert ist. Dann ist das Schattieren einfach. Es sind nur wenige Schatten nötig, um die schönsten Muster hervorzuheben, vielleicht ein kleiner Rahmen, fertig.

Leider passiert mir das nicht immer. Häufiger bin ich von meinen Ergebnissen nicht so hingerissen. In diesem Fall ist eine Analyse sinnvoll. Die folgenden Punkte, die ich vor dem Schattieren meiner »Problem-Werke« durchdenke, können Sie wie eine Checkliste durchgehen, ehe Sie schattieren.

1. Wie ist der Gesamteindruck?
Sie haben sich auf die Details der einzelnen Tangles konzentriert. Nehmen Sie also zunächst Abstand, um einen Eindruck der Gesamtkomposition zu gewinnen. Halten Sie Ihr Werk am ausgestreckten Arm, drehen Sie es oder betrachten Sie es mit zusammengekniffenen Augen. Stellen Sie es ab, um einige Schritte zurückzutreten. Was fällt Ihnen ins Auge? Ist es etwas, das Sie hervorheben oder lieber etwas »tarnen« möchten? Beides kann die Schattierung leisten.

2. Ist der Kontrast ausreichend?
Die Tangles oder die Bereiche des Gesamtwerks sollten gut zu unterscheiden sein. Es kann auch gestalterisch gewollt sein, dass ein Bereich fließend in einen anderen übergeht. Manchmal sind die Tonwert-Unterschiede nicht groß genug, um die Bereiche klar zu unterscheiden. In Projekt 2 (siehe ab Seite 99) zeige ich, wie Sie den Kontrast verstärken können, damit Ihr Kunstwerk interessanter wirkt.

3. Sind die Tonwerte ausgewogen?
Sind die Tonwerte abwechslungsreich? Gibt es interessante helle oder dunkle Bereiche? Ist das Verhältnis zwischen hellen, mittleren und dunklen Tonwerten ausgewogen? Solche Aspekte lassen sich oft durch Schattierungen korrigieren, sofern Ihr Werk dabei nicht insgesamt zu dunkel wird.

TIPP:
Ich lege oft eine kurze Pause ein, bevor ich mein fertiges Werk schattiere. Die Unterbrechung hilft, es mit frischem Blick zu betrachten.

TIPP:
Besonders ansprechend wirken Muster mit einem guten Anteil heller Töne. In der Innenarchitektur gibt es dafür die Faustregel »4 Teile hell, 2 Teile mittel, 1 Teil dunkel«.

4. Gibt es einen Blickfang?
Ein Blickfang ist ein Bereich, an dem das Auge hängen bleibt. Fehlt er, lässt er sich durch die Schattierung schaffen. Wie es gemacht wird, zeige ich in Projekt 3 (siehe ab Seite 101).

5. Gibt es etwas, das Ihnen nicht gefällt?
Wenn Sie diesen Bereich zuerst schattieren, ändern Sie vielleicht Ihre Meinung. Anderenfalls können Sie ihn durch Schattierungen optisch zurücktreten lassen.

Es kann vorkommen, dass Sie sich all diese Fragen gestellt haben und dennoch ratlos sind. Beginnen Sie dann mit einem oder zwei Tangles, die Sie sicher schattieren können, und analysieren Sie Ihr Kunstwerk danach nochmals. Manchmal muss man einfach anfangen, dann ergibt sich der Rest von allein.

Einige Tipps zum Schluss
Es ist einfacher, etwas hinzuzufügen, als etwas zu beseitigen.

Lesen Sie beim Durcharbeiten der folgenden Projekte den Text, um zu verstehen, wie ich schattiert habe – und warum. Sie müssen meine Lösungen aber nicht übernehmen. Sie wissen ja: Die Begriffe »richtig« und »falsch« spielen im Zentangle keine Rolle.

Viele meiner Kursteilnehmer haben mir gesagt, dass sie das Schattieren besonders schwierig finden. Wer aber die Grundregeln kennt und sich ein bisschen Zeit zum Üben nimmt, wird bald schattieren können, ohne viel nachzudenken. Das ist ähnlich wie das Radfahren. Das Lernen mag mühsam und manchmal frustrierend sein, weil man an so vieles gleichzeitig denken muss. Aber wenn der Groschen gefallen ist, geht es wie von selbst. Dann können Sie das Schattieren als kreativen Prozess ohne Erwartungsdruck genießen.

Projekt 1: Räumlichkeit

Diese Spirale habe ich als Gastgeschenk entworfen. Im Tangle ZANDER steht auf der rechten Seite in fünf Sprachen »Danke«.

 INFO:

Schattieren Sie dieses Kunstwerk anhand der Anleitung. Am Ende dieses Kapitels finden Sie eine zweite Version zum Ausprobieren eigener Ideen.

Beurteilung

Mir gefällt diese Zeichnung. Der Kontrast zwischen dem Schwarz des Halbmonds und den weißen Ovalen ist gelungen, und die hellen, mittleren und dunklen Bereiche wirken ausgewogen.
Weil es etwas flach wirkt, möchte ich der Spirale durch Schattierungen eine stärkere dreidimensionale Wirkung geben.

Ablauf

In den ersten vier Schritten wird das Tangle ZANDER im oberen rechten Bereich schattiert. Um Platz zu sparen, habe ich jeden Schritt nur an einem Teil des Tangles erklärt. Sie führen jedoch alle Schritte an allen Teilen von ZANDER aus.

Schritt 1: Direkt unter jedem Schriftband mit einem weichen Bleistift eine Linie ziehen.

Schritt 2: Nun mit einer Hin-und-Her-Bewegung (Pfeilrichtung in der Abbildung) verwischen. Den Wischer behutsam bewegen und etwas Graphit vom Schriftband wegziehen. Direkt am Band bleibt der Strich am dunkelsten. Dadurch entsteht ein Verlauf, der aussieht, als würde das Schriftband einen Schlagschatten auf ZANDER werfen. Die Bänder scheinen nun etwas höher zu liegen.

Schritt 3: Um ZANDER zylindrisch wirken zu lassen, ziehen Sie nun an seinen Außenseiten Bleistiftstriche. Beginnen Sie mit einem Strich knapp innerhalb der äußeren Begrenzungen, um sie optisch zurücktreten zu lassen.

Schritte 1–4 illustriert

Schritt 4: Diese Schatten werden jetzt parallel zu den Linien von ZANDER verwischt. Bewegen Sie dabei den Wischer allmählich zur Mitte, aber ohne Schatten in der Mitte zu produzieren. Hier werden nur die Ränder schattiert.

Schritt 5: Die Innenseite der Spirale (linke Seite) könnten Sie etwas dunkler schattieren. Durch die aufgerollte Form ist der Schatten im inneren Bereich automatisch etwas dunkler.

Schritt 6: Um auch den Ovalen eine dreidimensionale Wirkung zu geben, zeichnen Sie um die inneren Konturen einen Strich – nur bis zu den Punkten. Der Rest wird verwischt.

Schritt 7: Den Strich entlang der inneren Konturen der Ovale vorsichtig verwischen, dabei zur Mitte hin den Druck reduzieren. Der innere Bereich bildet den Lichtreflex und muss weiß bleiben. Keinesfalls die Ovale komplett grau eintönen!

Ich habe es dabei bewenden lassen – aber Sie können eigene Wege gehen. Sie könnten einen Schatten um die ganze Spirale einfügen, um einen Bezug zum Hintergrund herzustellen, oder den Schatten auf der Innenseite von ZANDER bis ins Zentrum der Spirale verlängern. Am Ende dieses Kapitels finden Sie diese Zeichnung noch einmal – für eigene Ideen.

Projekt 2: Kontrast

Für dieses Werk habe ich die Tangles MSST und SQUIRMY gewählt.

Beurteilung

Der Gesamteindruck ist recht hell. Weiß und Mitteltöne herrschen vor. Dunkel sind nur die Bereiche, in denen die Bogen zusammentreffen.

Diese Schatten entstehen beim Zeichnen mit dem Fineliner von selbst. Dasselbe ist bei MSST zu beobachten, weil die Wellenlinien insgesamt etwas dunkler wirken als die Punkte. Es liegt also nahe, genau diese Bereiche durch Schattierungen noch zu betonen. Durch dunkle Tonwerte wird das Muster mehr Ausdruckskraft bekommen.

Ablauf

Schritt 1: Alle Bogen mit einem weichen Bleistift nachziehen. Sie müssen nicht allzu exakt arbeiten, weil die Striche im nächsten Schritt verwischt werden. Es geht nur darum, etwas Graphit aufzutragen.

Schritt 2: Nun die Bleistiftstriche in der Richtung, in der sie gezeichnet wurden, verwischen. Folgen Sie mit dem Wischer einfach ihrem Verlauf. Auch dabei brauchen Sie nicht akkurat zu arbeiten. Wichtig ist, dass die Schatten dicht neben den Fineliner-Strichen liegen. Unbedingt sparsam schattieren, sonst wirkt die ganze Fläche grau.

Perfektion ist nicht notwendig.

Weich verwischen

Schritt 3:   Jetzt werden die Bereiche, in denen Bogen zusammentreffen, nochmals schattiert. Wischen Sie von den Rändern zur Mitte, gern mit etwas stärkerem Druck. Dadurch scheint die Mitte jedes Bogens höher zu liegen, und das Muster wird schön dreidimensional. Suchen Sie nun Stellen, an denen SQUIRMY Lücken aufweist, und schwärzen Sie diese mit dem Fineliner. So wird der Kontrast verstärkt.

Schritt 4:   Zuletzt wird MSST schattiert. Der dunkelste Bereich liegt dort, wo es sich an SQUIRMY anschließt. Das wirkt, als ob MSST hinter SQUIRMY herauswächst. Den Schatten weich nach oben verwischen. Die Punkte schattiere ich grundsätzlich nicht.

Hier abdunkeln

Diese Teile weiß lassen

Lücken schwärzen

Dies ist meine fertige Version. Ich habe die äußere Kontur mit meinem Tortillon noch etwas schattiert, weil der String verschwunden war und mir die »schwebende« Wirkung nicht gefiel.

Projekt 3: Blickfang

Es kann vorkommen, dass man einfach keinen
Ausgangspunkt zum Schattieren findet. Das geschah
bei diesem Kunstwerk. In solchen Fällen stelle ich die
Zeichnung auf meinen Schreibtisch und warte auf die
zündende Idee. Es kann hilfreich sein, das Papier zu
drehen, um sie in einem anderen Winkel zu sehen.

Beurteilung

Die Kombination aus 'NZEPPEL und TIPPLE um
FLUX herum sieht unruhig aus und hat einen recht
einheitlichen Mittelton. Es gibt klar umrissene dunkle
Bereiche, aber die hellen Teile verlieren durch die
vielen Fineliner-Striche an Wirkung. Ich möchte mit
Schattierungen die hellen Bereiche betonen und einen
Ruhepol für das Auge schaffen.

Ablauf

Es gibt einige weiße Bereiche – FLUX in den Ecken ist komplett weiß, kommt
aber vor dem unruhigen Hintergrund nicht zur Geltung. Um FLUX heller wirken
zu lassen und hervorzuheben, werden seine äußeren Konturen schattiert – und zwar
recht dunkel, um es durch den Kontrast zu betonen.

Schritt 1: Zeichnen Sie mit Ihrem weichen Lieblingsbleistift die äußeren
Konturen von FLUX nach – direkt über das umgebende TIPPLE
hinweg. Der Strich darf recht dick werden. Lassen Sie sich Zeit,
und verwenden Sie einen sehr weichen Bleistift. Dann den Strich
nur nach außen hin verwischen. Kein Graphit ins FLUX wischen,
denn es geht ja darum, den Kontrast zu verstärken. Die Kontur
des weißen FLUX muss also klar und scharf bleiben. Gleichzeitig
wirkt die dunkle Kontur wie ein Schlagschatten und erzeugt den
Eindruck, dass FLUX höher liegt als das abgedunkelte TIPPLE.

✎ **TIPP:**
*Beim Tangeln nie vergessen: Abdunkeln ist einfach.
Aufhellen gelingt nur mit
Radiergummi oder weißer
Farbe.*

Schritt 2: Nun wird FLUX nochmals schattiert, um seine Wirkung weiter zu verstärken. Den ersten Schatten mit einem weicheren Bleistift nachzeichnen. Wenn Sie keinen weicheren Bleistift haben, verwenden Sie den vorherigen und drücken kräftiger auf, damit der Strich dunkler wird. Es schadet nicht, wenn Teile von TIPPLE dabei ganz verdeckt werden. Dadurch wird der Kontrast nur stärker.

Schritt 3: Jetzt kommt Ruhe in den Hintergrund. Ich mag 'NZEPPEL, aber hier wetteifern zu viele Elemente um Aufmerksamkeit. Daher lege ich um das Mittelmotiv und den inneren Rahmen Schatten. Dabei wird 'NZEPPEL nicht ganz verdeckt, sondern nur abgedunkelt, sodass es weniger stark ins Auge fällt. Einzelne Teile sollten aber als Lichtreflexe weiß bleiben: Wenn sie fehlen, sieht die Fläche einfach nur grau angemalt aus.

Vor dem dunklen Hintergrund hebt FLUX sich viel besser hervor.

Weitere Details im mittleren Bereich habe ich nicht mehr schattiert, damit das Werk nicht zu unruhig wirkt. Lassen Sie sich davon aber nicht aufhalten – probieren Sie es ruhig.

Projekt 4: ZIA schattieren

Zentangle ist eine abstrakte Kunst. Erkennbare, beispielsweise figürliche Motive, die im Zentangle-Stil gezeichnet sind, bezeichnet man als ZIA. Natürlich kann man ZIA ebenso schattieren wie andere Tangles, denn manchmal ist es wünschenswert, das Motiv stärker hervorzuheben. Dieses Seepferdchen-ZIA hat Emily Classon gezeichnet. Als »String« hat sie eine Seepferdchen-Schablone verwendet.

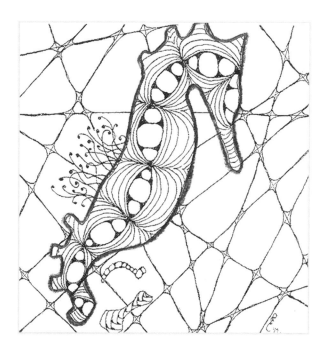

Beurteilung

Das hübsche Seepferdchen soll selbstverständlich der Blickfang bleiben. Es ist etwas dunkler als der Hintergrund, und dieser Kontrast kann durch die Schattierung noch verstärkt werden. Außerdem möchte ich ihm eine plastische Wirkung geben. Der Hintergrund soll durch Schattierungen etwas interessanter gestaltet werden, ohne dass er zu dunkel wird – sonst ginge der Kontrast zum Seepferdchen verloren. Durch Scribbeln oder Tüpfeln könnte eine interessante Textur entstehen, die an Wellen erinnert. Die netzartige Wirkung von 'NZEPPEL möchte ich etwas reduzieren – das Seepferdchen soll ja nicht gefangen sein.

Ablauf

Ich habe das Original fotokopiert, um zunächst ein bisschen zu experimentieren. Das war gut so, denn der erste Entwurf fiel zu dunkel aus. Ich versuchte es auf einer zweiten Kopie noch einmal. Wenn Sie etwas Neues oder Verrücktes ausprobieren möchten, ist es eigentlich immer ratsam, es vorab auf einer Fotokopie zu testen.

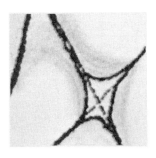

Schritt 1: Konturschraffuren als Schattierung

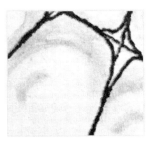

Schritt 2: Kleine Bogen deuten die Form an.

Schritt 3: Vergrößerte Scribbles

Schritt 1: Beim ersten Versuch fing ich mit dem Seepferdchen an und warf es letztlich weg, weil der Hintergrund viel zu dunkel geworden war. Also begann ich beim zweiten Versuch mit dem Hintergrund. Mit dem Bleistift 4H habe ich an den Ecken von 'NZEPPEL ganz zarte Konturschraffuren eingefügt, um sie etwas abzurunden. Wenn Sie mit starkem Druck zeichnen, könnten Sie einen härteren Bleistift verwenden oder anstelle von Konturschraffuren die Striche verwischen. Mein Ziel war, das Netz eher wie Blasen aussehen zu lassen.

Schritt 2: Mit dem schmutzigen Wischer habe ich kleine Bogen in die abgerundeten Segmente gesetzt, um ihre plastische Wirkung zu verstärken. Dadurch wurde der Hintergrund wieder zu dunkel, also nahm ich mit dem Knet-Radiergummi vorsichtig etwas Graphit aus den Ecken.

Schritt 3: Dann habe ich die Kontur des Seepferdchens schattiert, um es hervorzuheben. Ich entschied mich für Scribbeln, um einen Eindruck von Wasser zu vermitteln. Zuerst habe ich mit dem Bleistift 4B winzige Kreise um die Kontur des Seepferdchens gezeichnet, und danach mit dem Bleistift 4H weitere Kreise eingefügt, die gegenüber den ersten versetzt waren. Dies habe ich viermal wiederholt. Zuletzt habe ich die Kontur des Seepferdchens mit dem Bleistift 4B dünn nachgezogen.

Schritt 4. Um die Rückenflosse realistischer wirken zu lassen, habe ich hier anstelle der Konturlinie kurze Schraffuren eingezeichnet. Der Gegensatz zwischen geraden Strichen und Bogen gefällt mir gut.

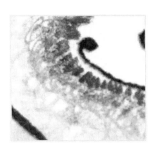

Schritt 4: Schraffur an der Rückenflosse

Schritt 5: Die Kreise auf dem Körper des Seepferdchens sehen nun wie Perlen aus. Dafür genügt es, die Hälfte der Kreiskontur mit dem Bleistift 4B nachzuziehen und zu verwischen.

Schritt 6: Die dreieckigen Bereiche am Rand des Körpers werden schattiert und nach innen verwischt.

Schritt 7: Durch Schraffuren mit Bleistift und Fineliner bekommt die Schnauze mehr Ausstrahlung. Kleine Lichtreflexe müssen unbedingt weiß bleiben.

Schritt 5: Schattierte Kreise, vergrößert

Schritt 6: Schattierte Dreiecke, vergrößert

Schritt 7: Schnauze, vergrößert

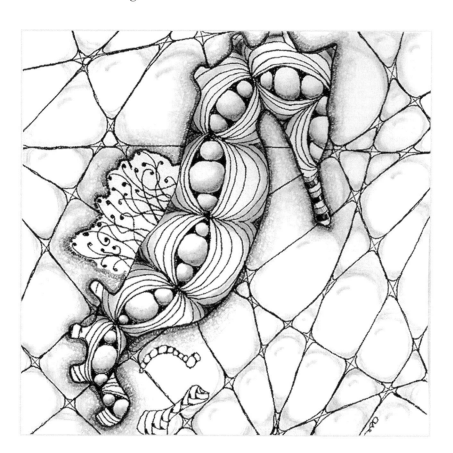

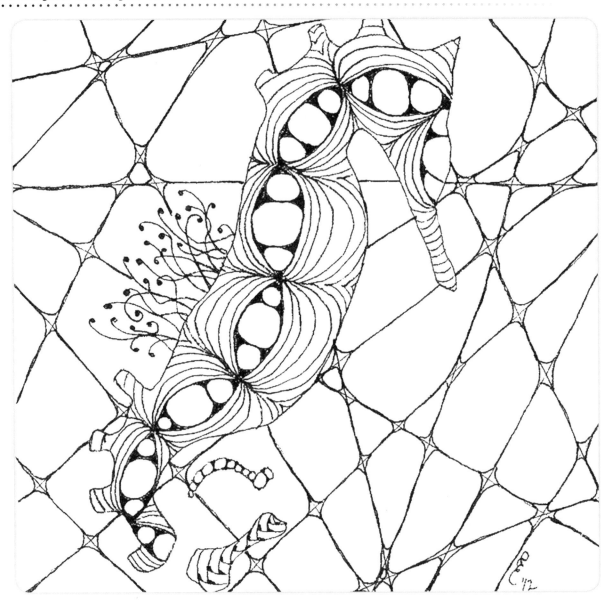

ÜBUNG 60:
Ein Seepferdchen für eigene Versuche

ÜBUNG 61:
*Und hier, wie versprochen, die drei anderen Projekte. Setzen
Sie an ihnen eigene Ideen für die Schattierung um.*

Zonder Schadow

© Maria Vennekens 2012

Verwendete Tangles: **MOOKA PRINTEMPS , CADENT, ONAMOTO, PURK, FLUX, IXORUS, VITRUVIUS, ECHOISM, WARBLE, FENGLE** sowie **LOKOMOTIVE** von **Stephanie Kukla.**

KAPITEL 6
DIE SPIELWIESE

Im letzten Kapitel des Buchs können Sie das Gelernte nach Lust und Laune ausprobieren. Hier finden Sie Zentangle-Tiles, ZIA und andere Werke von tollen Künstlerinnen aus aller Welt. Es macht Spaß, Arbeiten zu schattieren, die sich vom eigenen Stil unterscheiden. Viel Vergnügen beim Experimentieren mit den neuen Fähigkeiten und Techniken.

Sie könnten mit dem Schattieren von Maria Vennekens ZIA auf der gegenüberliegenden Seite beginnen.

© Brinn Bentley

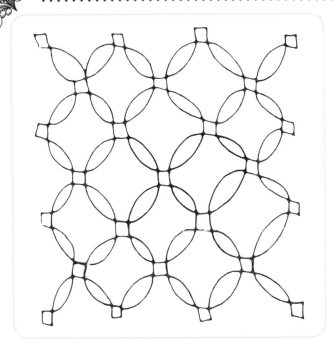

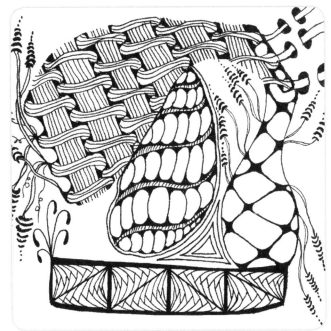

Original-Tile © Alice Hendon

Original-Tile © Jane MacKugler

Original-Tile © Margret Bremner

Original-Tile © Sue Sharp

Original-Tile © Amy Broady

Original-Tile © Caren Mlot

Original-Tile © Ellen Gozeling

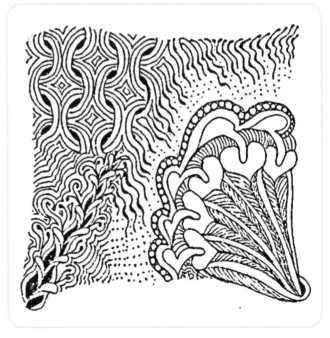

Die Werke auf dieser Seite sind insgesamt dunkler als die vorherigen Beispiele, darum besteht die Gefahr, es beim Schattieren zu übertreiben. Arbeiten Sie mit leichter Hand, vielleicht mit einem härteren Bleistift, und lassen Sie einige Bereiche völlig weiß.

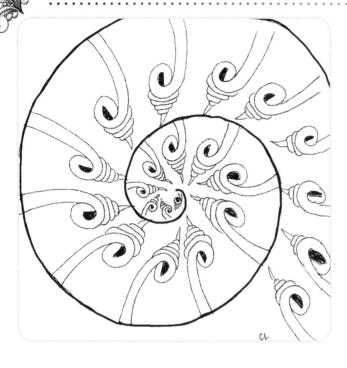

Zendala mit **STEF-AH-NI**

A

B

C

D

Ensemble: »Sandy« © Jane Menard

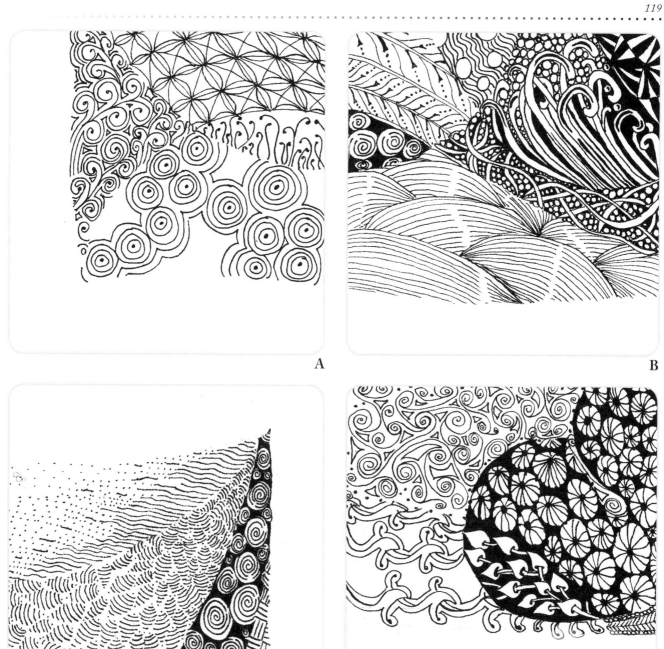

A

B

C

D

Original-Zendala © Margaret Bremner

Original-Zendala © Caren Mlot

6 ATCs (Tauschkarten)
Obere Reihe: © Diana Hirsch
Untere Reihe: © Emily Classon

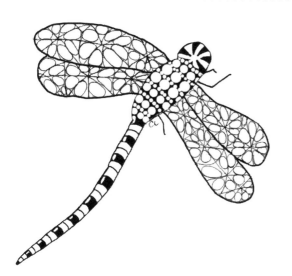

Zwei Libellen – links von mir und rechts von © Diana Hirsch sowie das letzte Teil eines Puzzles. Die links abgebildete Zeichnung bildet die Mitte eines Ensembles aus neun Quadraten von Jane Menard. Wer noch nie ein Ensemble getangelt hat, sollte es unbedingt probieren. Es ist faszinierend, die fertigen Teile zusammenzusetzen. So wird es gemacht:

Schritt 1: Alle Werke auf Seite 118–119 und die Zeichnung auf dieser Seite schattieren.

Schritt 2: Die fertigen Werke fotokopieren und die Quadrate ausschneiden.

Schritt 3: Nun anhand der Buchstaben auf Seite 118–119 zusammensetzen wie ein Puzzle.

119C	118B	118A
119D	diese Seite	118C
119A	119B	118D

Schritt 4: Die Zeichnungen so drehen, dass der weiße Rand außen sitzt und die Strings sich aneinander anschließen.

Original © Ellen Gozeling

Sie haben in diesem Buch schon mehrere schöne Arbeiten von Brinn Bentley gesehen. Dieses Werk können Sie schattieren. Vielleicht möchten Sie es mit Tüpfeln versuchen?

Original © Brinn Bentley

GLOSSAR

A

ATC: Artist Trading Card, künstlerisch gestaltete Tauschkarte, 6,4 x 8,9 cm.

C

CZT: Certified Zentangle Teacher, Zertifizierte Zentangle-Trainerin, die ihre Ausbildung bei Rick und Maria, den Erfindern von Zentangle absolviert hat.

E

Ensemble: Zwei oder mehr Tiles mit einem gemeinsamen String, die wie ein Puzzle zusammenpassen.

F

Formschatten: Schatten auf dem Bereich einer Oberfläche, die nicht direkt von Licht angestrahlt wird.

G

Glanzpunkt: Kleiner Punkt, der beim Schattieren bewusst weiß gelassen wird, um einen Lichtreflex anzudeuten.

H

hartes Licht: Lichtverhältnisse, unter denen Schlagschatten mit klaren, scharfen Konturen entstehen.

K

Kontrast: Der Hell-Dunkel-Unterschied zwischen benachbarten Tonwerten.

Konturschraffur: Eine Schraffur, die dem Verlauf der Konturlinie folgt. Sie betont die Form eines Objekts oder lässt es plastisch wirken.

Kreuzschraffur: Eine Schraffur aus dünnen, parallelen, sich kreuzenden Strichen.

L

Lichtreflex: Der hellste Teil der Oberfläche eines Objekts, der das Licht reflektiert.

M

maskieren: Verwendung von Abdeckmaterialien, um zu verhindern, dass Bildbereiche versehentlich verändert (z.B. mit der Arbeitshand verwischt) werden.

S

Schlagschatten: Der Schatten, den ein Objekt auf ein anderes oder seinen Hintergrund wirft.

schraffieren: Feine Striche, meist parallel zueinander gezeichnet, um Schatten oder Texturen anzudeuten.

String: Eine Linie, die eine Tile in Bereiche gliedert.

Strukturtäler: Die winzigen Vertiefungen in der Oberfläche von Zeichenpapier.

T

Tangleation: Variation eines bestehenden Tangles.

Tile (auch Kachel): Kleiner Bogen (8,9 x 8,9 cm) aus Original Zentangle-Zeichenpapier, speziell zum Zeichnen von Tangles.

Tonwert: Die Helligkeit oder Dunkelheit einer Farbe, im Kontext von Schwarz-Weiß die Graustufe.

Tonwertskala/Graustufenskala: Darstellung verschiedener Tonwerte oder Graustufen, abgestuft von Hell nach Dunkel oder umgekehrt.

V

Verlauf: In der Kunst der fließende Übergang von einer Farbe zur anderen oder von einem Tonwert zum nächsten.

W

weiches Licht: diffuses oder gestreutes Licht, erzeugt Schlagschatten mit unscharfen Konturen.

Z

Zendala: Kombination aus Zentangle und Mandala.

ZIA: Zentangle Inspired Art = Zentangle inspirierte Kunst. Enthält Tangles, verwendet aber auch konkrete Motive, Farben oder Bildelemente, die keine Tangles sind.

REGISTER

* Alle fettgedruckten Tangles sind offizielle Tangle-Muster von Zentangle Inc. Bis auf DYON, MYRTLE und THANKSGIVING sind alle ungefetteten Tangles von C. Letourneau, CZT®

Heute schon entspannt?
Mit Zentangle den Alltag kreativ neu entdecken

Noch mehr Zentangle-Ideen von unserer
Bestsellerautorin Anya Lothrop

Das Standardwerk für alle
begeisterten Tangler

Themenbücher
für unbegrenzten
Tangle-Spaß

Alles rund um Zentangle auf www.freudemitzentangle.de

www.trinity-kreativ.de